EL MISTERIO DEVELADO

EL MISTERIO DEVELADO

El Misterio Develado

Gabriel Matias

Primera edición 10 de agosto2021
Cubierta diseñada por Adriana Labrador
Copyright 2021 Gabriel Matias
Corrección Gabriel Enrique Matias

ISBN: 9798454066253

Agradecimiento

Agradezco a Dios por la vida que me dio, por todo el aprendizaje bueno y malo; sacando de lo malo lo óptimo y de lo bueno lo mejor. También a todas las personas que estuvieron involucradas en mi vida y que hicieron posible este aprendizaje.

Introducción

Este libro tiene la finalidad de ayudar a las personas en sus problemas de salud; físico, mental y emocional. Fue creado de todas las experiencias vividas por el autor, las cuales le enseñaron como regenerar la estructura celular del cuerpo. Se compartirán distintas técnicas, para ayudar a todas las personas a realizar los cambios necesarios para obtener una salud óptima; tanto para su cuerpo físico, mental y sobre todo aprender a dominar sus emociones.

Este libro fue maquetado y corregido por el autor sin tener mucho conocimiento del tema, pido disculpas por los errores que el mismo pueda tener. No quise mandarlo a editores ni correctores para poder llegar a los lectores con la autenticidad de ms sentimientos al escribirlo. El fin de este es compartir mi conocimiento y experiencias deseando que sean de gran ayuda para los lectores gracias por comprender

INDICE

Prólogo 1

Venezuela I 3

El Viaje 15

Panchito 22

Terapias de agua con Panchito. 23

El Regreso 25

La Lucha..28

La Sorpresa...31

La Mañana..36

El Cáncer..39

Tres Eventos Dificiles al mismo tiempo.....................40

Los Sueños...49

México..52

Chichen Itzá 53

Emociones 58

R.E.A.C. 62

Perú 63

Stonehenge 68

Egipto 73

Puedes Sanarte 79

Los Chakras...80

Nutrición 85

Cuerpo Vital 86

Regeneración vital...86

Cuerpo Astral O Emocional 92

Esquemas 97

Reconócete 102

Cuerpo Mental 109

Reconocimientos Médicos 118

Plantas Medicinales 121

Buscando tu Luz 134

Buscando tu luz 139

Ejercicios 139

Testimonios..141

Bibliografía 150

Prólogo

Todo empezó desde que era niño; sentía y veía cosas, pero nadie me explicaba que era. Al conocer a los 12 años al Maestro I.R. fue el inicio del conocimiento y explicación de lo que me sucedía. Lo más increíble sería el uso que tendría ese conocimiento en mi vida. A los 24 años sufro un desastroso accidente de automóvil por irresponsabilidad mía, ya que iba a exceso de velocidad, el cual me deja parapléjico. Con un diagnóstico de 7 neurocirujanos, "ya no caminas más", resultado traumático para un joven de 24 años. Después de un proceso de asimilación empezó la lucha y el resultado fue la autosanación, utilizando varias de las enseñanzas del Maestro. La segunda prueba llega diez años más tarde, el cáncer. Volvió la lucha aplicando las mismas técnicas que usé para regenerarme la columna. Momentos difíciles a todo nivel en este proceso; un divorcio, una estafa y desahuciado por los médicos, teniendo como resultado la autosanación por segunda vez. A partir de ahí cambia mi vida y me dedico a ayudar a las personas. Me convierto en un sanador naturópata y desarrollo mi propia técnica **R.E.A.C.** (regeneración de la estructura atómica y celular del cuerpo). Viajé a muchos lugares del mundo; Tíbet; donde conozco un lama que me comparte sus conocimientos, India, Nepal, entre otros donde aprendo a meditar y desarrollo mis facultades. Estudié Botánica, Flores de Bach, Biomagnetismo e Hipnoterapia clínica. Me dedico a dar conferencias compartiendo mis enseñanzas en varios países tales como Venezuela, Italia, Francia, Inglaterra, Colombia y USA por mencionar algunos. Dicto talleres para enseñar mis técnicas de REAC, dejando un legado de sanadores y poder ayudar a todas las personas con el diagnóstico de alguna anomalía, también dicto otros talleres de autoayuda. El objetivo de este libro es compartir todas las enseñanzas que aprendí y con las que pude ayudar a más de 200,000 personas. Mi deseo es poder continuar esa labor de dar bienestar emocional, mental y físico, dejando una enseñanza que pueda ayudar a millones de personas que estén necesitadas en el mundo.

Venezuela

Todo empezó a los 12 años, cuando era niño tenía ciertas experiencias desconocidas por mí, las cuales no comunicaba por temor a no ser comprendido y que pensaran que estaba "loco". Buscando respuestas fui a la iglesia y hasta para monaguillo opté, pero realmente las respuestas eran siempre las mismas, "eso es un dogma" y nunca tuve una respuesta que me diera una explicación razonable. La búsqueda por el conocimiento empezó a partir de ese momento.

Mi padre, español médico de profesión se vino a Venezuela en la época de la Venezuela productiva en 1956. Cuando por un bolívar pagaban 3,50 dólares. Fue profesor de la Universidad Central de Venezuela mientras hacia su reválida como médico, mi madre había sido su ayudante, era comadrona y una especie de técnico o enfermera graduada.

Al llegar a Venezuela se enteró que mi padre tenía cáncer y le quedaba muy poco tiempo de vida. Mi padre falleció al yo tener 3 meses de nacido; mi madre con 3 hijos (mis dos hermanas 5 y 7 años y un bebé recién nacido). Consiguió trabajo en la universidad central de Venezuela con la ayuda de médicos que conocieron a mi padre.

Mi madre empezó a ingeniarse como obtener otros ingresos y decidió vender ropa íntima y vestidos a las empleadas de la facultad. Trabajando ahí conoció a la Dra. A. R (omitiré poner los nombres completos por respeto a las personas) esta Dra. Empezó a invitarla a charlas sobre la evolución humana, en esas charlas le mencionó a una persona muy sabia, que estaba en Colombia; mi madre interesada en el tema vio la oportunidad de hacer dos cosas; ir a las charlas de este ser y a la vez traer ropa para costear su viaje.

Colombia

Como mi madre no tenía muchos recursos, teníamos que viajar por tierra hasta Cúcuta y de ahí tomar un avión hasta Bogotá. Era un viaje tedioso para un niño de 12 años. Mis hermanas ya estaban casadas y no viajaron con nosotros. Ya en Bogotá llegamos a una residencia en la 7ma con la 5ta que se llamaba Residencias Dorantes, quedaba a dos cuadras de la librería del Maestro I.R. Fuimos ese día a conocerlo. Todos sus discípulos le llamaban Maestro, aunque él los llamaba Hermanos. Era un hombre de 72 años de contextura fuerte, ojos verdosos con una mirada profunda y penetrante, pero reflejaban una dulzura en su interior. Realmente maravillaba escucharlo. Siempre bromeaba y contaba chistes, realmente nunca conocí a alguien con el nivel de cultura, léxico y conocimiento como el de ese ser, era realmente admirable. El nombre de Maestro le quedaba perfecto. A pesar de mis 12 años me maravillaba escuchar sus charlas; por respeto y mi corta edad solo prestaba atención. Todos sus discípulos se reunían en la librería a preguntar. Mientras que nosotros siendo la primera vez que íbamos solo escuchábamos, hasta que mi madre se animó a preguntar. El Maestro respondía y le recomendaba que debía de leer. Siendo yo niño no se me ocurría decir nada por respeto a los mayores, pero necesitaba saber si podría darme respuestas. Fue en ese momento que dirigió su mirada hacia mí, se volteó, saco un libro de un estante y me dijo
— ese es para ti te va a ayudar. Lo envolvió en papel marrón y me lo dio, quede atónito; yo no había dicho nada y luego me susurró.
— Si tienes dudas pregunta, sin penas ni tabúes. Quede en shock ¿cómo supo lo que yo quería? ese día para mí fue un día

maravilloso. Había escuchado cosas muy interesantes y pensaba que mi madre no le había dicho nada ¿cómo pudo saber? Mil y una pregunta vinieron a mi mente, pasamos todo el día en la librería, almorzamos con el Maestro y luego fuimos al hotel para descansar un rato. Ese momento fue uno de los más emocionantes y especiales de mi vida.

Cuando empecé a leerlo daba respuesta a todas las cosas que yo veía. El libro, se llamaba las "**formas mentales**" y tenía todo lo que no me sabían explicar. Pensé si yo estoy "loco" este está peor; ya que escribió un libro. Empecé a leer el libro, cada vez que leía, encontraba más respuestas a lo que me pasaba y lo más interesante podía preguntar. Pero ahora pensaba ¿en qué momento, si siempre el Maestro estaba ocupado? Bueno, sería cuestión de buscar el momento. En esas dos horas de descanso pude adelantar bastante el libro, teniendo ya idea de lo que me pasaba, sólo me faltaba la orientación. Esa tarde; cuando volvimos a la librería estaba el Maestro rodeado de varias personas organizando una caminata, para dar una enseñanza de botánica al día siguiente. Como era fin de semana pensaba ir con varios de sus discípulos. El Maestro sugirió quien podía llevarnos en su carro ya que éramos de otro país y acabábamos de llegar. Se ofrecieron varias personas, muy amablemente el Sr. Bernal y su esposa Betty, (en este caso si digo sus nombres, porque, aunque ya desencarnados hubo una bellísima amistad con el pasar de los años).

Esa noche no dormí pensando en la cantidad de preguntas que le iba a hacer al Maestro. Pero a medida que leía el libro obtenía más y más respuestas, ahora sólo eran aclaratorias.

A la mañana siguiente nos buscó el Sr Bernal y fuimos al lugar de encuentro. Eran como 20 personas en varios carros, el lugar quedaba a las afueras de la ciudad. Al llegar nos organizamos y empezamos a seguir al Maestro, nunca había visto a alguien con tanta vitalidad. Nadie iba a su paso solo yo porque era un niño, pero era difícil de mantener, todos quedaban rezagados y agotados.

Realmente era difícil ver a una persona de esa edad mantener ese paso. Por más de dos horas irradiaba fuerza y vitalidad, caminaba y explicaba sin ningún tipo de agotamiento. Y lo más increíble andaba con traje completo. Con chaleco, corbata y sombrero realmente digno de ver. En ese momento de separación del grupo, cuando dijo "vamos a ese lugar", fue mi momento de preguntar. Le comenté lo que me pasaba.

— Gabriel ¿encontraste respuestas en el libro? Preguntó el Maestro.

—Sí Maestro, respondí… pero tengo ciertas dudas.

—Los seres humanos tenemos facultades latentes respondió el Maestro. Unos más desarrollados que otros, hay quien tiene conocimiento de ellas y otros no. Para algunos seria demencia, para otros seria dones y para otras facultades latentes. Así las llamo yo, todos los seres humanos las poseen, es como los músculos todos los tenemos, unos se dedican a desarrollarlos y otros no, pero siempre están ahí. Hay casos que las personas pueden ser más sensitivas que otras y pueden captar, ver, o hasta escuchar lo que otros no. El desconocimiento de estas haría pensar que uno es un orate. Y para un común denominador de personas así será. Ejemplo cuando Julio Verne escribió sus libros, muchos pensaron que estaba "loco" ya que hablaba de un viaje a la luna, en submarino, en globo y todo eso está pasando. Hay 7 sentidos 5 físicos ellos son: vista, oído, olfato, gusto y tacto y 2 extra físicos, clarividencia y clariudiencia, poder ver y escuchar cosas que el común de las personas no percibe, por ejemplo, Beethoven escribió sinfonías sordo, hay los que pueden ver energías, o inclusive eventos por venir. Los que se llaman videntes. Nostradamus fue uno muy bueno. Él podía predecir eventos futuros, lo que pasa con el ser humano, es que está distraído y no se preocupa por conocerse, ni averiguar todo el potencial que tiene, solo se dedica a cosas rutinarias como trabajar, comer, dormir y muchos a cosas peores con los vicios, que después le pasarán factura a su vida. Poco a poco a medida que vayas ejercitando tu cuerpo, tu mente, reconociendo quién eres y que vienes a hacer a este maravilloso planeta, tendrás la oportunidad de desarrollar tu potencial respondió el Maestro.

En ese momento llegaron las personas que venían con nosotros, por lo cual el Maestro se dirigió a ellos, para hacer un ejercicio de meditación. Para mí en ese momento estaba tan maravillado con todo lo que había escuchado, que en ese pequeño tiempo había tenido respuesta a muchas inquietudes. No sabía si seguir recordando cada palabra que me dijo y meditarlas, o hacer el ejercicio que iba a dictar. Decidí poner atención a lo que iba a enseñar. Uno de los hermanos le preguntó.

—Maestro ¿cómo hace Ud. para no cansarse? ya que los había dejado muy atrás y no le mantenían el paso, a lo que el Maestro le respondió.

—La energía vital viene de Dios. Está disponible 24 horas, deben aprender a canalizarla. Voy a enseñarles cómo hacerlo. Hagamos un ejercicio para recolectarla y llevarla a todo nuestro cuerpo, cerraremos los ojos y empezaremos a relajarnos. Haremos tres respiraciones en cada lugar que vayamos relajando; empezamos por los tobillos, pantorrillas, rodillas, muslos, cadera, vientre, abdomen, pecho, brazos, cuello, cara, sentiremos nuestro cuerpo liviano, muy relajado sin tensión, sin dolor. Ahora visualizamos una luz dorada, muy brillante, que baja por nuestra cabeza y va recorriendo todo nuestro cuerpo, llenando cada órgano, nervio, músculo, hueso y nos sentimos totalmente plenos, llenos de paz, de vida, de felicidad, es la energía de Dios que nos recorre todo nuestro cuerpo. Curándolo y sintiéndonos sanos, fuertes, totalmente revitalizados, ahora respiremos pausadamente 3 veces y abramos los ojos sintiéndonos excelentemente bien.

Al finalizar ese ejercicio todos los presentes habían cambiado notablemente su aspecto, se veían radiantes y no tenían rastro de cansancio. Cuando regresábamos, le daba gracias a Dios por ese día y por darme las respuestas que pedía. De regreso hacia el hotel estaba sumergido en mil y un pensamiento, quería llegar a seguir leyendo el libro. En el camino de regreso me preguntó un hermano.

—Gabriel ¿qué te enseñó el Maestro?

—Aclaró muchas incógnitas que tenía. Respondí. De regreso en el hotel recordaba cada momento de ese día fue una experiencia única.

En la mañana después de desayunar en el hotel chocolate caliente con buñuelos, fuimos otra vez a la librería y el Maestro nos recibió con su gran sonrisa. Estaba rodeado de discípulos con los cuales mantenía una jocosa tertulia; las preguntas que le hacían eran sobre su libro cúrese comiendo y bebiendo, rápidamente captó mi mirada de intriga. Pensé, ¡ah!, también escribe libros, como si leyera mi mente me dijo:

—Hermanito puedes ojear y si ves algún libro interesante lo puedes leer.

—¿De verdad Maestro? Pregunté. En eso vi una mirada fulminante de mi madre que decía No. En ese momento le tomó la mano el Maestro y dijo —no hay problema hermana, él los va a cuidar, estoy seguro de ello. Me sentí en las nubes por el voto de confianza, cuando empecé a ver los libros me reía solo, ¿algún libro interesante? Todos me parecían interesantes, habían de muchos temas, por supuesto para mí, desconocidos. ¿Cuál escogía?, ¿Lo entendería? Recuerdo que hubo uno que me llamó mucho la atención, el hombre y sus cuerpos. ¿Sus cuerpos? pensé ¿No se supone que sólo tenemos uno? ¿Qué significaba eso? lo tomé y le dije:

—Este Maestro.

—Buena elección para disipar dudas respondió el Maestro.

Mientras hablaban yo me aparté y me senté en un banquito en un rincón de la librería, comenzando la lectura todo para mí era desconocido; realmente no entendía nada. Comencé leyendo que el hombre tenía 7 vehículos, o cuerpos evolutivos: físico, astral, mental, búdico, nirvanico, átmico y anupadaka. El físico, además de estar constituido por huesos, órganos, músculos y piel, ademas de todo lo líquido y químico que está en el mismo; tiene uno que se llama doble etéreo o cuerpo vital y que es el encargado de regenerar el cuerpo, es donde fluye la energía vital. El astral donde están nuestras emociones u hombre animal y el mental nuestros pensamientos, a estos se le llama cuaternario inferior.

Los otros cuatro son los vehículos espirituales. Realmente para mí era bastante confuso, pero eso no era problema, hice una pausa y le pedí al Maestro si tenía una libreta y un lápiz, sus ojos brillaron como si ya sabía que le iba a pedir, en eso, sentí otra mirada fulminante de mi madre, (mi madre era bastante dominante e inquisitiva, pero luego entendí todos los porqués de su conducta).

El Maestro la vio y con dulzura le dijo, "tranquila hermana, así no se le olvidan las preguntas", es perfecto, exclamé en mi mente ¡oh, Dios este señor lee la mente!; le di las gracias, exactamente era lo que iba a hacer, intentar de formular lo mejor posible las preguntas. Para mi corta edad las quería hacer con la mejor de las interpretaciones, que no fueran infantiles, pasamos todo el día en la librería, solo salimos a almorzar a un restaurante que estaba en frente.

Al regreso, el Maestro estaba dando una charla de botánica, ya en el hotel me salió reprimenda de mi madre, por la libreta. Pero no importaba estaba feliz. Al día siguiente fuimos de compras de la ropa que mi madre llevaría para vender. De regreso, ella estaba muy cansada quería descansar y busqué la excusa para llevar un libro que tenía equivocado para cambiarlo. Cuando llegué vi algo insólito, en ese momento no había nadie con el Maestro, mil y una pregunta me pasaron por la mente, pero la primera, ¿cómo empezaba? Al entrar y saludarlo me preguntó.

—¿Qué te parece el segundo libro que estás leyendo? Otra vez me sorprendió, no necesitaba ver como preguntaba. El con una sonrisa abrió el tema, solo comente.

—No entiendo mucho ¿los 7 cuerpos? A lo que me respondió:

—A medida que vamos evolucionando vamos teniendo conciencia de los vehículos evolutivos, cada cuerpo que tenemos tiene distintas facultades y distintas vibraciones, las cuales debemos de manejar y dominar, por ejemplo, el cuerpo físico. Ni siquiera lo dominamos, solo lo alimentamos, no lo nutrimos, es distinto, no sabemos cómo funciona, solo lo básico, el Emocional o Astral, ¿dominamos emociones?, ¿Las controlamos?, La respuesta, No. ¿Nuestro cuerpo mental o mente; dominamos nuestros pensamientos?, No... sin contar con los cuerpos, que es el mundo espiritual o de Dios, por eso debemos de aprender cómo estamos constituidos, reconocernos y aprender a dominar y utilizar esos vehículos.

Mi cabeza empezaba a entender todo, sus palabras eran sencillas y profundas, pero fáciles de asimilar, cualquiera podía comprender lo que el Maestro decía. Estando inmerso en su explicación llegó un discípulo a hablar con respecto a la charla del fin de semana, el Maestro se volteó hacia a mí, puso su mano en mi hombro y me dijo:

—Sigue leyendo y anotando, sonrió y fue a conversar con el discípulo. Me fui hacia el hotel, no cabía en mi cuerpo; tuve respuestas y el tiempo para ellas, en ese tiempo no sabía esto, pero "el tiempo de Dios es perfecto". Ya en el hotel mi madre me preguntó por qué había tardado, solo respondí que el Maestro estaba ocupado. Había casi terminado el otro libro y encontrado las respuestas a lo que me pasaba, ahora a desarrollarlo y aprender a utilizarlo.

Fueron varios encuentros con el Maestro en su librería. Escuchando las enseñanzas que daba a sus discípulos, realmente interesantes, e instructivas. Lamentablemente teníamos que regresarnos, fuimos a despedirnos del Maestro y me preguntó si había terminado la lectura del libro, lo cual le había dicho que si pero que tenía muchas incógnitas, sacó un libro de el estante y me lo dio, se llamaba Por los Senderos del Mundo. En el regreso empecé a leerlo y era muy interesante, era una narrativa de la vida del Maestro en sus inicios y sus experiencias, realmente muy inspirador.

Ya de regreso a Venezuela mi vida empezó a tener cambios muy positivos, empecé a tener un conocimiento distinto de la vida. Entendía muchas de las cosas que me pasaban y no me asustaba, al contrario, le buscaba la explicación más racional que a mi edad tenía.

Con toda la información que obtuve, empecé a practicar lo que había aprendido, a conectarme con Dios.

Fuimos cada año a Colombia a ver al Maestro a sus charlas que eran muy interesantes. El Maestro daba charlas por todo ese maravilloso país, conocí muchos lugares y mucha gente hermosa, aprendí a meditar, canalizar energía y conectarme con toda la naturaleza y fui desarrollando ciertas facultades que todos tenemos.

Todos los viajes a Colombia con el Maestro adquirí un aprendizaje distinto, el más impresionante fue un día que había una cola de personas de tres cuadras para entrar en la librería. Tenía yo 15 años y no entendíamos que sucedía, habíamos llegado el día anterior en la noche y cuando fuimos en la mañana temprano a saludar, nos conseguimos con eso. Un día fue a la librería una persona mal de salud; el Maestro lo vio y le recomendó lo que tenía que tomar, a base de plantas. Al parecer la persona estaba desahuciada y se curó con el tratamiento, luego fueron muchas personas que vieron la mejoría y se corrió la voz, duro un tiempo haciendo el bien, hasta que la federación médica colombiana se lo prohibió.

Fue lamentable ya que se estaba ayudando a mucha gente de una forma gratuita. Pero como todo en esta vida, muchas veces no se acepta a personas con capacidad de ayudar, sólo por no tener un título. Hay que estar claro que hay mucha charlatanería, pero también hay personas serias y buenas.

Venezuela II

En esa época de mi vida, habíamos conocido muchas personas que estaban en la misma búsqueda. Conocimos grupos que se reunían, pero esto ya era diferente, investigaban y algunos decían que tenían contacto con vida extraterrestre. (me limito a escribir mis experiencias, respetando todas las creencias de cada persona). Digo decían porque realmente no me consta que eso pasaba, tal vez era verdad, tal vez no. Si vi OVNIS como en 8 oportunidades (objetos voladores no identificados) pero nunca vi a uno parase y ver a una persona o ser, bajarse del mismo y hablarme, o hablar con alguien, por eso mi acotación de "decían.".

En ese grupo de personas había uno que conocía a un señor de Colombia, casualmente era un ingeniero y sus iniciales eran E.C, esta persona decía que tenía contacto físico, e inclusive que había viajado en naves espaciales. En esos momentos puedo decir que como joven que era me cautivaba escuchar, pero afortunadamente para mí, yo era muy lógico y había ciertas cosas que no me convencían.

Sí hubo un evento que me cautivó y fue conocer la máquina kirlian. Era una máquina que fotografiaba la energía o el aura y eso me emocionaba. Había una evidencia científica de lo que yo veía, con este grupo se estaba hablando para ir hacia el Amazonas y fundar una comunidad. Eran como 40 familias, se estaban pidiendo unos terrenos a la gobernación del estado para ese fin. El objetivo y lo digo con todo respeto, era que cuando viniera el fin del mundo, o tercera guerra mundial, se iban a llevar los extraterrestres a esas personas y luego las traerían de vuelta preparadas, es lo que decían los que tenían "contacto" con esos seres, ese evento supuestamente iba a pasar en el año 80 y bueno ya pasaron 40 años de eso y nada. Lo triste es que todavía se repite lo mismo, sé que esto no le va a gustar a mucha gente, pero debo de decir esa parte de mi historia.

No quiero decir con esto que no crea que no hay vida fuera de nuestro planeta, para mi suena ilógico pensar que, en un universo infinito, solo nosotros existimos como vida inteligente. Y no puedo negar que vi unos objetos voladores. Estando ya organizados fuimos al Amazonas a ver los futuros terrenos, fueron muchas personas al evento. Más adelante regresamos un grupo más pequeño. En ese viaje conocimos a un personaje muy interesante, le decían el "Gato," su fisonomía era de llamar mucho la atención, era de rasgos totalmente indígena, pero con los ojos verdes claros, algo no muy normal en un rasgo Yanomami, por eso su apodo el Gato. Nos estuvo hablando de unas tribus muy en lo profundo de la selva que no se dejaban ver. Él decía que eran de ojos azules, algo muy extraño, que no era fácil verlos y para llegar a donde se encontraban había que recorrer mucha selva. Teniendo que pasar por unas tribus un poco peligrosas y agresivas, que eran reductoras de cabezas. Nada tentador el viaje. Nos habló de un lugar sagrado de los indígenas, el Autana, una montaña que la leyenda indígena dice, que ahí empezó el origen del mundo. Como siempre hay curiosos, se planificó un viaje con 6 personas.

El Viaje

Salimos muy temprano en la mañana, 6 am del puerto de Samariapo. Fuimos en bongo (una curiara grande) por el Orinoco. Iríamos luego por el rio Sipapo y finalmente por el rio Autana. Fuimos navegando, disfrutando de unos paisajes dignos de admirar. Era un viaje cautivador y hermoso, hasta llegar a una isla llamada" isla Ratón", cuando llegamos, el Gato se bajó y le pidió permiso al Chamán, para poder quedarnos y continuar el viaje el día siguiente, a lo que el accedió. Al atardecer hacían un ritual al cual nos invitaron en el que compartiríamos su fogata y alimento.

La verdad en la vida uno vive distintas experiencias, que debemos aprender lo mejor de ellas. Nos dieron casabe (es como un pan que se elabora de yuca) con una mezcla elaborada por ellos. Prefiero omitir como se prepara, pues no es agradable. El menú no era lo más apetecible, pero teníamos que compartirlo, para que no se sintieran despreciados. La araña bueno, fue un proceso comerla, pero no sabía tan mal sobre todo bien tostada, aunque fue una experiencia interesante y distinta. Lo bueno estaba por venir, era el ritual del yopo, el Chamán inhalaba el yopo por la nariz. El "yopo es una droga que preparan con mucho secreto, con plantas", con una especie de cerbatana se pone el yopo y otra persona lo sopla por cada fosa nasal. El Chamán lo hace para conectarse con sus ancestros y la naturaleza. En esos momentos el Chamán se puso como en trance y le dijo a uno de los que estábamos ahí que se acostara boca abajo, él puso sus manos en la zona donde estaban ubicados los riñones, emitía unos sonidos como cantos y bajaba su boca hacia la espalda, justo donde están los riñones y hacia como si succionara y escupía. Estuvo como 15 minutos haciendo eso, al finalizar le dijo que ya estaba listo.

El amigo nos contó que sufría de cálculos en los riñones y que cuando llego a la isla tenía cierta molestia. Todos nos quedamos atónitos, realmente podía saber qué pasaba, ¿o fue casualidad? En eso me llamó a mí y me puso las manos en el brazo derecho. Había tenido una fractura el año anterior, de cúbito y radio abierta y desplazada, la cual no operaron y me quedaron los huesos desalineados, tardó mucho tiempo en quedar bien o mejor dicho en soldarse. Quedando con cierto dolor perenne. Tomó mi brazo con sus dos manos y volvió a hacer sus cantos o sonidos, estuvo como 10 minutos así y la verdad es que más nunca me dolió. De por sí he pasado pruebas de frío, que dicen que duelen los huesos y a mí nunca me paso, a pesar de tener muchas fracturas. No sé si desde ese día se curaron todos mis huesos.

Luego le puso las manos a otro del grupo en la cabeza y tardó como 15 minutos. Esta persona nos contó que sufría de migrañas desde niño. Esa era la primera vez en mi vida que veía algo así. Diagnóstico sin la persona decir nada, e imposición de manos. Nos invitó a probar el yopo y por supuesto todos quisimos, excepto dos que le tenían miedo, como joven e impetuoso por supuesto que quería probar. ¿Podría ver cosas más allá que lo que yo veía?, ¿cómo será?, tenía muchas preguntas. En la noche estrellada, con la luz de la fogata, con los hermosos matices destellantes del fuego, era el momento perfecto. Viendo todo desde otra perspectiva, había dos que no la probarían y estarían cuidando de nosotros.

El Chamán se veía relajado. Nos pusimos en posición, yo era el segundo, vi lo que hicieron con el primero, pusieron la cerbatana en mi nariz y en una fosa soplaron y luego en la otra sentí que me llegó al más alejado rincón de mi cerebro. En eso ¨plof.¨ Me fui para atrás. Escribir lo que sentí, lo que vi, o lo que creí ver, no lo sé describir, lo único que puedo decir es que no lo volvería a hacer.

Fue una experiencia única, donde se fundió la realidad con... no sé si llamarlo lo irreal. Pienso que tal vez no estaba preparado para eso. Veía energías que cambiaban de color, en las personas, en los animales y en el paisaje, pude percibir sonidos como melodías de la naturaleza. Todo era como más sutil y hermoso, pero cuando digo que no lo vuelvo a hacer es porque la experiencia del soplido en la nariz no fue agradable. Tuve unos días de molestia en la nariz luego de la experiencia del yopo, nos acostamos para continuar nuestro viaje.

En la mañana justo antes del amanecer, teníamos nuestro despertador natural, los puri–puri. Unos insectos voladores bien desagradables, que pican muy duro y salen a esa hora en la mañana y en la tarde, antes de oscurecer.

Tuvimos que correr y meternos en el río, donde ya había varios niños de la comunidad. Fue un despertar a la fuerza; no nos dio tiempo de ponernos repelente. Cuando salimos, empecé a recordar toda la experiencia de la noche anterior, como el Chamán detectó lo que teníamos las personas que estábamos ahí, como se les había quitado el dolor a las otros y a mí.

Vivían tan distinto, eran tan tranquilos y se veían felices, a pesar de la vida tan sencilla que tenían. Seguimos en el río por horas hasta llegar a la montaña.

El Autana era digna de admirar, la montaña sagrada por los indígenas, (Wahari Kuawai –El Árbol de la Vida) "Cerro Autana," nombre éste que recibe de la Etnia Piaroa (Wötjujä), se dice que hay oro en ella, por eso no quieren que vayan personas para no dañar la naturaleza, lamentablemente al escribir este libro, la naturaleza de mi país está siendo destruida por la ambición y codicia, de seres repugnantes, con algo llamado arco minero. En el Amazonas también está siendo destruida la naturaleza.

La experiencia de la energía del lugar era única, se llenaba uno de paz y una energía vital increíble. Decidimos quedarnos en el lugar a pasar la noche. Hubo una de las personas que estaba, que nos dijo para que nos conectáramos con la naturaleza, a lo cual nos indicó un ejercicio para realizarlo, buscamos primero troncos y ramas secas, para prender la fogata de la noche. Luego de haber terminado la labor pusimos una lona del bongo, e improvisamos un campamento. Buscamos cada uno un lugar en un árbol, después de haber revisado bien, que no tuviera hormigas, u otros insectos, que pudieran representar algún peligro, nos sentamos y pusimos una mano en nuestro corazón y otra en el árbol y pensábamos en sentir mucho amor hacia la naturaleza y dárselo a ese árbol, que era también parte de la creación de Dios.

La experiencia fue única; la respuesta energética llego rápidamente, sintiendo como una energía de amor y paz recorría todo mi ser. Fue algo increíble y no estaba bajo los efectos del yopo.

Al principio pensé que sí, luego, lo repetí muchas veces y sentía lo mismo. Les recomiendo a las personas que lo hagan sobre todo cuando se sientan con exceso de estrés.

Nos reunimos para hacer el fuego y vimos que el gato y el lanchero estaban todos negros, les preguntamos qué era eso que tenían y dijeron que era "aceite quemado", preguntamos ¿para qué? Y dijeron para protegernos de la plaga. Les dijimos que teníamos repelente y se rieron, dijeron que estaba bien y lo iban a dejar ahí cerca.

Hacia las 6 de la tarde tuvimos que correr con todo y repelente al río, el gato y el lanchero no paraban de reír, nos dijeron que nos faltaba unos 15 minutos para que se fueran los puri-puri, pero que estaba bien, mientras no hubiera alguna piraña, o caimán cerca. No había visto a nadie salir tan rápido de un río como nosotros, la risa de ambos era todavía más estruendosa, mientras saltábamos por las picadas del puri-puri, nos ayudaban a llenarnos de aceite quemado, buenas marcas de guerras, los que conocen a los puri puri saben de lo que hablo, parecen meterse de cabeza en uno y a pesar de que son chiquitos las marcas son inmensas. Pasada la hora de los puri-puri, nos dedicamos a cenar, teníamos galletas, atún y algunas frutas, luego de reírnos por toda la experiencia que habíamos vivido. Evaluamos lo que habíamos aprendido. Para mí, ver a una persona que supo lo que otras tenían y sanarlo era algo único y luego lo que sentí con el contacto con la naturaleza, fue un aprendizaje maravilloso. Pensamos en caminar la montaña, pero no se podía, los indígenas no lo permitían, solo el pasear por abajo, nunca me imaginé que lo que había vivido me iba a ayudar tanto en mi vida.

Regresamos al día siguiente, no sin nuestra despedida mañanera de los puri-puri, mientras navegamos por el Orinoco, era un espectáculo único para mí. De regreso a puerto Ayacucho disfrutamos de toda la belleza del paisaje. Realmente no provocaba regresar, una naturaleza totalmente hermosa, selvática, sus paisajes, su fauna. Fue realmente un viaje inolvidable. De regreso a la capital, me sentía totalmente pleno, pasado un tiempo lo de la comunidad que se iba a formar no se dio.

Todo el proyecto se disolvió, yo viajé varias veces al Amazonas en distintas épocas. Fuimos a Colombia por varios años, donde cada vez aprendía más de las enseñanzas del Maestro, a lo que con toda propiedad digo que logré lo que soy y lo que hago, gracias a muchas de sus conferencias y orientación. Cuando fui a Colombia luego de esta experiencia, tuve la dicha de poder conversar con el Maestro de esta vivencia, le pregunté qué opinaba de los extraterrestres y me dio la siguiente respuesta: el universo infinito está lleno de evolución constante, pero debemos aceptar de donde somos y ahí es donde tenemos que evolucionar. Me recomendó que leyera unos libros, mencionaré el autor, por si hay personas interesadas en leerlos, son libros de Max Heindel.

Le comenté también lo que hizo el Chamán, sonrió
—Existen sonidos se llaman mantra, los cuales, pueden hacer cambios significativos en nuestro ser. Dijo, y continuó
—Hay mantras curativos, por ejemplo, si pronunciamos este I, E, A, O, U, sanamos todo nuestro cuerpo. Con la I, la sangre fluye a la cabeza, con la E, la sangre va a la garganta, con A, la sangre va a los pulmones, con la O, la sangre fluye al corazón, al vocalizar la U, la sangre va al trayecto intestinal, haciendo este mantra, se pueden curar todas las enfermedades.

Los sonidos tienen vibración y esta puede ser positiva o negativa dependiendo de nosotros. La fe es algo importantísimo en todo me explicó:
—El Chamán seguro hacia sus sonidos o tal vez oraciones para sanar y seguro detectó la parte vital de Uds. y el yopo fue su canal.

Hay personas que pueden detectar la energía vital de otros, sin efectos de ninguna droga o alucinógeno. Haciendo este mantra y moviendo la sangre a los distintos lugares del cuerpo estamos activando una regeneración celular consciente, la hematopoyesis, es la producción de células sanguíneas (hema, "sangre"; poiesis, "formación"). En el ser humano se lleva a cabo en la médula ósea durante toda la vida. Nosotros así podemos ayudar a sanar nuestro cuerpo. Hay otros mantras sumamente importantes, los cuales nos ayudan a subir la vibración.

En países como Tíbet, India, Nepal, se emiten muchos sonidos o mantra, por poner un ejemplo, las oraciones que se hacen en iglesias son sonidos que con fe mueven energías de muy alta vibración, pero más vale una oración con fervor que mil rezos sin amor.

Muchas fueron las experiencias vividas con el Maestro en Colombia, por muchos años fuimos a verlo y cada viaje era un aprendizaje nuevo, donde me nutría de conocimiento.

Cada conferencia que daba era una información distinta que adquiría. Instruía sobre cábala, botánica y un sin fin de temas de todos los tipos, era un hombre con un conocimiento increíble. A lo largo de las visitas iba ilustrándome de más cosas y se despejaban muchas dudas que como adolescente tenía.

Aprendí a hacer muchos mantras con el Maestro, los cuales fueron de una gran utilidad en mi vida. A los 21 años empecé a utilizar los conocimientos adquiridos. Terminados mis estudios de computación, me ofrecieron un trabajo en la isla de Margarita en un hotel, uno de los más importantes en ese momento, como asistente al gerente de computación. En ese hotel estaba el hijo del gerente general, le llamaban Panchito; este ser contaba con 40 años, tuvo una meningitis que lo dejó en una silla de ruedas. Sus movimientos eran descoordinados y torpes.

Lamentablemente, muchas personas al verlo le tenían miedo, porque su rostro se deformaba cuando quería hablar. Haciendo comentarios desagradables; algo que pasa mucho, ya que el ser humano muchas veces no tiene sensibilidad, para con sus semejantes. Aclaro, no generalizo, veía a Panchito siempre con su hermano que lo llevaba, este se encargaba de cuidarlo.

En una ocasión estaba almorzando, como staff accedía a muchos de los restaurantes y me percaté que el hermano lo maltrató, ya que no le quería dar de comer.

En ese momento me acerqué y conversé con el hermano, un poco tosco en su trato y en su educación. Ayudé a Panchito a comer, me di cuenta de que había muchas cosas más que Panchito sufría. Tenía muchos dolores en las articulaciones debido a la espasticidad y había otro aspecto de salud que él no podía resolver solo, su aseo personal. El hermano no lo atendía como debía de ser y sus padres no se encargaban de él tampoco.

Panchito

Empecé a conversar con Panchito prácticamente desde el día que me acerqué. Ese día lo ayudé a comer y hablé con él, la descoordinación de sus músculos le dificultaba para hablar.

Panchito me buscaba a la hora del almuerzo, sabía a la hora que terminaba de trabajar y casi siempre almorzaba en el mismo restaurant. Como staff yo vivía en el hotel y él, como hijo del gerente general, también; ya que eran de Francia.

Era increíble la inteligencia de Panchito, sus movimientos eran torpes, pero su mente sagaz e inteligente. Un día me dijo que hablaba 4 idiomas; lo miré asombrado y si soy honesto me costaba un poco creerlo. Estaba en una ocasión leyendo un manual de computación que estaba estudiando y tenía una duda con una palabra en inglés, me encontraba en la cafetería, era de noche y

Panchito había quedado en verme, quería obsequiarme algo por ser su amigo. Cuando se acercó y me saludó, me preguntó que leía y le comenté que estaba traduciendo algo, pero tenía una duda, lo leyó y me lo tradujo. Me quedé asombrado, le costó un poco decirlo correctamente, pero lo logró. Hablaba y leía francés, inglés, alemán y castellano. Los aprendió por el trabajo del padre. Pero el buscaba aprender, empecé hacer un experimento con él. Lo llevaba a la sala de computación y lo enseñé a usar el teclado. Eso, lo realizaba fuera de mis horas de trabajo, cuando estaba de guardia.

Como era un hotel y se iba mucho la luz en la isla teníamos que volver a reiniciar el sistema. Por lo tanto, el gerente y yo nos turnábamos las guardias. Empecé a ayudar a Panchito con su coordinación, el hermano fue cambiando al yo hablar con él. Ya el trato entre ellos era mucho mejor. Panchito, decía que quería verse como yo. Siempre afeitado, pero el hermano se encargaba de eso y lo hacía sin cuidado.

Muchas veces lo cortaba; le regalé una afeitadora eléctrica y así resolví el problema. Fue un intercambio por el presente, que me dio Panchito por ser su amigo. Un gesto hermoso era un bolígrafo muy lindo. Me enteré de que Panchito le vendía cosas a la gente del hotel, iba al centro cuando podía y compraba cosas que luego las vendía. Me comentó, que con la ayuda de un tío tenía una cuenta y tenía ahorrado un dinero.

Terapias de agua con Panchito

Empecé a hacer terapias de coordinación con Panchito. En mi época de waterpolista de la universidad, había visto unas personas haciendo unas terapias de rehabilitación en la piscina.

Las recordé y decidí ponerlas en práctica con Panchito, el haber hecho deporte toda mi vida, me ayudó a poder cargar a

Panchito hasta el mar. Se emocionó mucho con lo que lograba en el agua; fijamos dos terapias a la semana. El hermano, bastante fuerte, fue cambiando y colaboraba gustoso, eso fue un cambio muy favorable en la relación de hermanos, que no era buena al conocerlos. En el agua aprendió a moverse mucho mejor y se volvió más independiente. Se bañaba y se afeitaba solo.

Empecé hacer imposición de manos con Panchito, yo solo ponía las manos y le pedía a Dios; él decía que sentía como 1000 voltios en su cuerpo. Pensé que lo decía para hacerme sentir bien, pero cuando lo hacia él se estremecía, hice varias pruebas cuando Panchito estaba descuidado y ocurría igual. Pienso que algo sucedió.

Con las terapias de mar empecé a parar a Panchito en el agua. Entre el hermano y yo lo poníamos a caminar, la felicidad que tenía Panchito era realmente hermosa, lloró de la emoción al estar parado. Seguimos haciendo las terapias de agua más otros ejercicios.

Como yo era deportista, tenía una rutina de ejercicio que hacía diariamente, trotaba 5 km, hacia 200 barras en 10 series de 20 y 500 abdominales en 10 series, nadaba un promedio de 1000 metros, eso lo hacía diariamente. Panchito empezó a imitarme en algunos ejercicios abdominales, los intentaba y otros con unas mancuernas que le regalé.

Lo empecé a llevar a la cerca de la cancha de tenis, para empezar a pararlo. La fuerza de ese hombre por querer estar mejor era fantástica, estuvimos haciendo terapias por dos años y medio y dio sus frutos. Panchito logró pararse y caminar por la cerca, después de muchas caídas y tropiezos, pudo ser independiente, su caminar era torpe, pero lo consiguió.

Al tercer año decidí irme del hotel, por otra oferta de trabajo, Panchito se entristeció mucho; ya que yo era el único que lo sacaba del hotel. Lo llevaba a centros comerciales, a la playa inclusive cuando había amigas mías lo mimaban. Hasta una discoteca lo llevé; me sentí útil ayudando.

El Regreso

Volví a la capital de donde era y empecé a trabajar en otra cosa, realmente me llamaba mucho la atención el mundo de los negocios; me gustaba mi carrera, pero estar encerrado en un cuarto de computación tantas horas no me agradaba. Me gustaba estar en la calle, entré en una compañía como vendedor. Los beneficios eran excelentes para un joven de 24 años. Ya que un automóvil pude comprar a los tres meses de trabajo. Hasta que lamentablemente ocurrió lo inesperado.

El Accidente

Habiendo regresado de la playa un lunes de carnaval y disfrutado de una actividad que realizaba todos los fines de semana, esquí acuático. Era amante de los deportes, era un deportista nato, por mencionar algunos, basquetbol, béisbol, gimnasia, ping pong, natación, esquí acuático, windsurf, surf, waterpolo, artes marciales, volibol, motocross.

Al día siguiente el martes 19 de febrero me dirigía a la casa de la que en ese momento era mi novia. Cabe destacar; que ese accidente fue por mi irresponsabilidad, venía a exceso de velocidad. Queriendo adelantar a un carro este me trancó y esquivándolo al maniobrar, explotó el caucho trasero; haciendo que el carro perdiera el control y me estrellara contra un poste.

El carro voló dos metros dando vueltas y yo salí por el parabrisas, golpeándome la columna y la cabeza contra el brocal. Tuve que moverme como pude hacia un lado, ya que venía un auto directo hacia mí; afortunadamente lo pude hacer.

Empezaron mis preguntas ¿qué hacía yo fuera del carro?, claro está, eso no hubiera pasado, si hubiera tenido el cinturón de seguridad puesto. Al intentar pararme, las piernas no me respondieron, empezó mi calvario.

Estuve dos horas en la vía acostado hasta que llegaron los bomberos; como no movía las piernas nadie me quería tocar; no fuera que empeorara mi situación. Tuve suerte paso un médico que me evaluó ahí, venía en su carro por casualidad que me sugirió que no me movieran hasta llegar la ambulancia, tenía un dolor intercostal fuerte y sangraba por la cabeza.

La casualidad llegó una vecina con su mamá que pasaban en ese momento y se quedaron para apoyarme. Cuando llegó la ambulancia me llevaron al hospital, al llegar empezaron a atender las heridas tenía la cabeza rota, 7 puntos pusieron, aunque por el tamaño de la herida eran 14, pero ahorraron hilo, sátira y otra herida intercostal era el dolor que tenía también fueron 12 puntos más. Me llevaron a terapia intensiva, aunque tenía conocimiento, para observación por los golpes de la cabeza y los otros traumatismos. Gracias a Dios, no tuve perforación del pulmón, solo lesión en dos costillas, la contextura muscular que tenía, hacer tanto deporte me ayudó mucho, ya que la musculatura amortizó los golpes.

A la mañana siguiente empezaron todos los exámenes de la columna, me evaluaron 2 neurocirujanos, con opiniones nada favorables para mí. Al tercer día fui trasladado a una clínica, donde se encontraban dos de los mejores neurocirujanos de ese momento, inclusive estaban entre los mejores de sur América.

Después de hacer muchos exámenes, mielografías, tac con contraste, punción, se concluyó que mi columna había recibido un golpe sumamente fuerte causando una contusión medular. Con una lesión de todos los nervios, después de evaluar los daños causados por el impacto el diagnóstico fue: "no camina más".

Fui evaluado por 7 neurocirujanos con la misma opinión; para un joven de 24 años deportista empezando la vida era desastroso. Las piernas empezaron a perder toda su masa muscular hasta quedar en el hueso; la espasticidad fue avanzando rápidamente. Después de estar 19 días en la clínica decidieron mandarme a terapia, para evitar que la espasticidad me dañara más.

Me recomendaron ir a un psicólogo para que me orientara en este proceso. El cual no tuvo mucho "tacto". Estando en su consultorio, sólo me preguntó si trabajaba o si había estudiado; al responderle lo que estudié me dijo:

—Trabajaras detrás de una computadora con tu silla de ruedas. Fue lo más traumático que escuché en mi vida. Al llegar a la casa de mi hermana, lugar donde estaba por tener ascensor, ya que donde yo vivía no había y tenía que subir tres pisos.

Lo que voy a contar en estos momentos, es algo que puede pasarle por la mente a muchas personas, pero les digo tengan la fortaleza de luchar.

Ese día salieron a hacer unas compras y me había quedado solo, el dolor que sentía era muy fuerte y me pasó por la mente quitarme la vida, tirándome por el balcón. Era un piso nueve, al querer pasarme del sofá donde estaba a la silla de ruedas; A pesar de que era un hombre fuerte, los brazos me fallaron y me fui de boca pegando la cara contra el piso.

En ese momento reaccioné y lloré, siempre digo que "Dios me dio un sacudón para que reaccionara". Me monté en la silla de ruedas y dije no lo haré, lucharé por pararme de esta silla. En esos momentos empecé a recordar todo lo que el Maestro me había enseñado.

La Lucha

Como deportista que había sido, gimnasta y nadador, empecé a diseñar mis terapias, instalé poleas en el techo. Como mis miembros superiores eran fuertes, los empecé a utilizar para poder desplazarme. Debía aprender a moverme, ponía una cinta entre mis piernas, las unía, la mordía y me levantaba con mis brazos. Pudiendo hacer muchas cosas independientemente; como ir al baño solo. Fui activando mis músculos abdominales para poder tener una mejor estabilidad y poco a poco los fui restableciendo para tener un mejor soporte en el cuerpo.

La tristeza la viví un día que salía de una de las terapias que me enseñaban. Había dos chicas que al verme hicieron un comentario que escuché, el cual me entristeció. Comentaron refiriéndose a mí, "que lindo lástima que esté en una silla de ruedas". No se dieron cuenta que las escuché, fue para mi algo fuerte, ¿era yo sólo piernas?, ¿No servían mis sentimientos? como ser humano ya era muy duro depender de otros y no poder hacer nada de lo que estabas acostumbrado. Como para escuchar eso. Me acordé de Panchito y lo que yo le hacía con mis manos y mi mente, ¿sería realmente cierto, que con eso que hice lo ayudé aparte de las terapias? Solo quedaba algo, averiguarlo.

Me mudé a casa de mi otra hermana que tenía piscina y un amigo mío venía dos veces a la semana para ayudarme, ya que había dos escalones. Intenté moverme en el agua, el ser nadador fue una gran ventaja, podía desplazarme bien, intentaba mover las piernas dentro del agua; pero no lograba nada. No me desanimé, al contrario, me esforzaba más. Un día fueron a visitarme unos amigos y yo les decía que miraran el dedo de mi pie, que me iba a concentrar para moverlo; me ponía morado y no se movía nada.

Mis amigos decían "lo perdimos". Empecé a perder la pena que me vieran así y decidí salir, lamentablemente muchas veces, los seres humanos no tenemos delicadeza para decir las cosas. La vida da muchas vueltas, hoy podemos estar bien mañana nos puede cambiar todo, la humildad es algo que todos debemos cultivar.

Ya en mi realidad nada agradable, debía convertirme en un ser independiente, para eso tenía que rehabilitar mi cuerpo. Debía poder ser capaz de moverme por mis propios medios. Fui a terapias para ayudarme en eso, me orientaron, pero yo ya había adelantado mucho con mis propias terapias. Empecé a realizar la meditación diaria, junto con los mantras que había aprendido del Maestro. Comencé a vencer la espasticidad y la elasticidad mejoraba.

Cuando ponía mis manos en Panchito visualizaba, que la energía le recorría todo el cuerpo y lo sanaba. ¿resultó? Yo no podía poner mis manos en mi columna, pero si podía visualizar la energía, que iba recorriendo todo mi cuerpo y regeneraba todos mis nervios

¿qué podía perder? Pero si hacía eso, lo debía de hacer lo mejor posible. Empecé a ver atlas de anatomía, para tener una idea más precisa de la columna. Dedicaba de 2 a 4 horas diarias para hacer esta meditación, visualización, hacía los mantras que había aprendido con el Maestro, canalizaba esa energía la visualizaba recorriendo toda mi médula; regenerando todos mis nervios. Comencé a notar que la espasticidad disminuía. En una de las terapias que me hicieron iban a poner mis piernas en agua, en eso la terapista me dice.

—Gabriel! sentí una leve contracción del músculo de la pierna izquierda.

—¿Cómo? ¿Qué significa? Pregunté, ¿No es normal?

—Me dijo no. En la condición que tienes eso no pasa, cuando quisiste moverte hubo la contracción. Vamos a hacer una prueba piensa que la quieres mover. Lo hice y volvió a pasar hubo la contracción. Con la pierna derecha lo hice varias veces y no pasó nada. A pesar de no responder a mis pensamientos estaba super feliz. Mi pierna izquierda si respondía a mis órdenes; ¿estaría funcionando todo lo que yo estaba haciendo? ¿Podría mover, aunque fuera una pierna? No quedaba otra que seguir trabajando, pasaron varios meses y yo cada vez tenía más entusiasmo, trabajaba en mi cuerpo casi todo el día. Hacia las visualizaciones tres veces al día, en la mañana y la tarde mi rutina de ejercicios. Intentando fueran más concentrados en las piernas. El Maestro me había sugerido tomar agua de coco en ayunas, lo cual lo hice religiosamente. Fue lo que me recomendó cuando se enteró del accidente, con unas palabras muy alentadoras, el superará eso. Voy a ser honesto eran muy alentadoras, pero mi realidad a veces me quería desanimar, seguí con todo, hasta que empecé a ver que en el agua mi pierna izquierda se empezó a mover muy sutilmente, pensé, será verdad o es mi imaginación.

La Sorpresa

Una mañana ya pasados 8 meses, sentí que me estiraba y que mi pierna se movía, pensé que era el resultado de los movimientos de los otros músculos, ¡en eso me concentro en el dedo del pie izquierdo y pienso, Muévete! ¡Muévete! ¡Muévete!

Sorpresa, el dedo se movió, me quede perplejo, ¿sería casualidad? Lo volví a intentar y volvió a pasar, no lo creía lo hice varias veces y seguía pasando. Lloré de la emoción, llamé a mis familiares para que vieran lo que ya lograba. Se sentían felices por mí; ¿pero sería solo eso?, ¿o lograría más? Los neurólogos decían que no volvería a caminar, al llegar a la terapia de ese día, cabe destacar que hubo una terapeuta que veía mi empeño y voluntad.

Ella decidió ayudarme en sus ratos libres, siempre bromeaba, me decía que yo me iba a parar y nos íbamos a bailar un día.

Ese día lloró de emoción, me dijo veamos las contracciones, las tienes más fuertes eso es buenísimo, en ese momento pensé "si mueves un dedo vamos con todo", tú puedes. Empecé a restructurar mis terapias a una forma más agresiva. Cuatro veces a la semana en piscina y todas las mañanas iba a terapia; más un gimnasio que me metí. Tenía que avanzar al máximo, meditaba y hacia mi rutina de respiración, era ahora o nunca. Cabe destacar que la voluntad es primordial en estos momentos.

Mis rutinas empezaron a tener un éxito mayor, comenzaron a moverse mis dedos y la pierna en el agua respondía mucho mejor, se veían los avances; a las dos semanas de estar haciendo las nuevas rutinas vi una respuesta muscular muy grande. Eso me llenaba de esperanza, al pasar las tres semanas en el agua movía la pierna, la alegría era única. Pasó un mes e iba avanzando rápidamente, una mañana me concentré en mi dedo del pie derecho, lo había hecho en varias oportunidades y nada. Ese día, le pedí a Dios con mucha fuerza. No quiere decir esto que no lo hacía diariamente en mis meditaciones; pero ese día siento que lo hice con mucha devoción, agradeciendo el avance que tenía.

Me concentré en mis dedos del pie derecho y pensé muévanse, en eso **la sorpresa,** se movieron, no lo podía creer lo repetí varias veces y siguió pasando, no puedo describir la emoción, al llegar a la terapia le mostré lo que pasaba a Ángela, en ese momento me dijo ahora si vamos a bailar. En las terapias que yo hacía en el agua, avanzaba más y más rápido, los movimientos eran mayores ya que el agua me asistía y me resistía, con bastante fuerza en mi pierna izquierda; decidí intentar pararme en la piscina.

Todos los ejercicios anteriores eran movimientos dentro del agua como si nadara y muchos de coordinación. Ahora venia la prueba, intentar pararme, con mis brazos fui apoyándome en el muro de la piscina y me trasladé hasta la altura de mi pecho; de manera que mis piernas quedaran apoyadas en el piso.

El principio fue frustrante, las piernas se movían hacia todos lados y no lograba apoyarme. Después de muchos intentos y sumergidas, (como era en la piscina no me golpeaba). Logré pararme, claro está, sujetado en el muro de la piscina, fue emocionante, lo estaba logrando, empecé a permanecer parado sin sujetarme y me caía. Empezó mi reto, cuánto lograría aguantar estar parado sin apoyarme de la pared. Comencé con muy poco conteo, pero fui avanzando rápidamente con la práctica.

Ahora cambié la rutina, tenía que procurar hacer la terapia de la piscina más días a la semana. Le pedí a un amigo que comprara una cuerda larga, la piscina no era muy grande ni muy profunda, eso me facilitaba las cosas. Puse las cuerdas de un extremo a otro dejando un espacio entre ambas para yo poder andar en él. Me apoyaba con los brazos en las cuerdas intentando dar pasos, era difícil no coordinaba y mis movimientos eran torpes.

Estaba que abandonaba, me recordé de Panchito y toda la fuerza de voluntad que ese muchacho tuvo y su logro, también yo lo lograría. Debo de mencionar que tenían que sacarme de la piscina, ya que le quería sacar el máximo provecho a mis terapias. Fui logrando dar pasos y sumergirme, no me caía, mi tiempo parado sin sostenerme era de un minuto en la piscina, consideraba que mi tonicidad muscular era bastante fuerte, hacía sentadillas dentro del agua, ahora era el momento de probar pararme fuera del agua.

Acerque mi silla a una ventana, pero no con la intención de agredirme si no de medir mi fuerza, con las poleas lo hacía bastante bien.

En el gimnasio fortalecí miembros superiores, así que era el momento de probarme. Me sostuve de la reja de la ventana que se instalaron por precaución porque había niñas pequeñas. Tomé aire y conté 1, 2, 3 me ayudé con mis brazos y me paré duré pocos segundos, volví a intentarlo y aguanté un poco más.

Era cuestión de trabajo, lo había logrado en el gimnasio. Cambié mi rutina para trabajar más las piernas, realmente se fortalecieron bastante rápido. La memoria celular del deportista que fui se activó. En la piscina dominaba bastante bien el equilibrio; lograba pararme en la ventana y duraba hasta 2 minutos sin apoyarme. En el parque, al lado del edificio de mi hermana había varias cosas para hacer ejercicio, entre ellas unas paralelas.

Era perfecto para empezar mis primeros pasos, un poco incómoda, pero servía para lo que quería.

Mis primeros pasos

Cabe destacar que ya lo había hecho en la piscina lo cual me emocionó, pero esto era ahora la realidad. Me coloqué entre las paralelas y me dije tú puedes; respiré, me ayudé con los brazos y me paré, no podía aguantar la emoción.

Las personas que estaban en el parque me aplaudieron. Sí, lo había logrado; me solté y empecé a contar en voz alta, la gente contó conmigo, fue excitante, con tanta euforia quise dar unos pasos; sin percatarme que había una piedra delante y al piso fui a dar.

La gente vino en mi ayuda y me acorde de Panchito en su primera caída, se reía y dijo, "una vida sin tropiezos no es vida", me reí y dije

—Tranquilos, debo de acostumbrarme, es sólo el principio.

Un señor que se acercó preocupado dijo en broma

—Muchacho no debes de beber tan temprano. Fue un momento de felicidad, aunque la caída dolió. Fui practicando día a día, mientras seguían mis terapias en la mañana en fisiatría.

Estaba avanzando solo, fui a comprar dos muletas, aunque todavía no lo tenía autorizado, pero yo no me limitaba, había avanzado mucho en el agua y en las paralelas. Iba al parque con mis "compañeros" de ejercicio, así los llamé, porque nos veíamos a diario. Llevé las muletas y todos me vieron asombrados, un muchacho se acercó y me preguntó, ¿seguro? Le dije

—Sí, nada me limita. sonrió y dijo

—Ya vemos que no. Ok nos pondremos uno de cada lado por si acaso, ¿quieres?

—Está bien gracias dije. Empecé a avanzar torpe, pero intentaba hacerlo seguro, no quería caerme. Tuve varios conatos de caída, pero logré dominar mi cuerpo. Las personas se acercaron y me dieron palabras de apoyo y fortaleza, estuve prácticamente haciéndolo a diario. Pasados quince días andaba en las muletas, mi pierna derecha era un poco más descoordinada y débil, pero había logrado el objetivo. Dejar la silla de ruedas, mi pierna derecha estaba más débil y tropezaba con ella regularmente, decidí que era el momento de la sorpresa para fisiatría. Ese día fui como siempre normal en mi silla de ruedas y le pregunté al médico fisiatra que opinaba si empezaba a probar con las muletas

—Sabes Gabriel, creo que todavía falta un largo tiempo. Primero debes de poder pararte, podemos probar mañana y veo si autorizamos las muletas. Dijo.

—Está bien Doctor dije. Mañana probamos. Ese día fui con mis "compañeros" de ejercicio en el parque y les comenté lo sucedido, me dio mucha risa cuando una señora comentó

—Sorpréndelos; has trabajado duro, no las lleves mañana entra caminando con ellas, como lo haces acá. Vamos a dar una vuelta al circuito. La miré con cara de asombro y se sonrió,

—No te asustes llevamos la silla detrás por si te cansas dijo. Pensé. ¿eso no es lo que quieres?, tú puedes usar la fuerza de tus brazos vamos, adelante, empecé a respirar y daba mis pasos con cuidado y fui avanzando, cada paso que daba me decía; "si puedes uno puedes mil más". Logré dar la vuelta en tres etapas. Tuve que sentarme, pero no quise en la silla, sino en los bancos que habían alrededor, lo había logrado, solo esperaba hacerlo igual al día siguiente.

La Mañana

Desperté muy temprano y después de hacer mi rutina de meditación y respiración, me arreglé para partir. Era el gran día de demostrar que si podía. Decidí irme en muletas., ya era hora de dejar la silla, mi hermana me miró y preguntó,

—¿Estás seguro?

—Sí respondí, lo máximo que puede pasar es que me caiga y tendré que ver cómo me paro. Sonreí.

—¿La llevo por si acaso te agotas? Titubeé y me dije el miedo es lo peor que podemos tener, confía en ti, decide.

—Sin la silla respondí. Me miró con cara de duda.

—Ok respondió.

Salí, entré en el ascensor por primera vez sin la silla, estaba feliz,

—¿Todo bien? Me preguntó.

— Sí, respondí. Avanzaba con mucho cuidado, a pesar de haber practicado, eran pocas distancias, esto iba a ser toda la mañana y más largo, con gente y escalones. Al llegar en el hospital me temblaron las piernas, ops, eso no me había pasado, eran los nervios me relajé y le dije

—Dame 5 minutos. Respiré y me puse en armonía, ok ya pasó, vamos, empecé a entrar iba muy concentrado, respiraba y me venía a la mente Panchito, venían palabras a mi mente tú puedes, avancé y entré en la sala de fisiatría, fue fantástico ver la cara de asombro de todos los terapeutas. Sobre todo, del médico fisiatra que habíamos conversado el día anterior; al verme quedó mudo

— Buenos días a todos dije.

—Buenos días respondieron con una sonrisa. algunos estaban el día anterior cuando le sugerí al doctor probar y dijo que era muy pronto, se acercó a mí y me dijo

— Eres una cosa seria. ¿Ya venias haciéndolo verdad?

—Sí doctor, Sonreí y respondí. Me abrazó y dijo

—Que bien ahora vamos a practicar técnicas de caminar, talón punta de pie y escaleras ya que quieres ir rápido, avancemos.

Pasaron tres semanas y ya mi equilibrio era bueno, decidí ir con una sola muleta, ese día al verme llegar sonreían "este ya quiere correr". El medico fisiatra decía, seguro que ya piensa en manejar y demás. No supo lo que me había dicho, me puso a pensar y dije volveré a hacer todo igual; comenzando el segundo mes compré un carro.

Debo decir que con la que era mi novia en ese momento, salíamos a las urbanizaciones de poco tránsito y practicaba manejar. Lo hacía bien, me mandaron a hacer la prueba de manejo, decían que necesitaría una licencia especial, con un automóvil con ciertas condiciones. Al hacerme la prueba en la Federación Médica me dieron una licencia normal. Podía manejar cualquier vehículo. Demostré hacerlo perfecto, fue un logro importante.

A pesar de que cojeaba con la pierna derecha, seguía con mis terapias en la mañana, pero ya eran más de coordinación.

Una mañana fui en el automóvil que me había comprado, al terminar la terapia salía el medico fisiatra y vi que no tenía automóvil.

—Doctor, ¿quiere que lo lleve? Pregunte.

—¿Te vienen a buscar? Preguntó el doctor

—Sí, venga. Lo llevé hasta el auto y abrí la puerta

— ¿Y tu hermana? preguntó.

— Ya viene súbase, me senté en el asiento del conductor.

—¿Qué vas a hacer? Preguntó al verme.

—Manejar respondí. Sonrió y dijo

—Buena broma, algún día lo harás. La sorpresa se la llevó cuando arranqué

—¡No puede ser!, tú no puedes manejar, dijo.

Saqué la licencia dada por la federación médica y se la mostré. dijo

—¡Increíble! Ese día escuche las palabras más alentadoras,

—Eres un ejemplo a seguir, te felicito. Lo lleve a su casa, al principio el Dr. estaba un poco nervioso, pero habiendo recorrido varias calles me comentó.

—Lo haces muy bien, digno de admirar. Debo de reconocer que me sentía inmenso, sus comentarios me daban más fuerza, llegando a su casa me dijo

—Sigue así, pero no inventes mucho y sonrió. Bueno, tenía razón inventé; volví a esquiar en agua y manejar moto. Al estar escribiendo este libro con 60 años tengo moto, no permitan que nada, ni nadie los limite. Uds. son seres únicos con un potencial increíble. Debo de agradecer a Dios y todas las enseñanzas del Maestro las cuales me ayudaron inmensamente.

En 1985 falleció el Maestro a sus 85 años. Volví a trabajar en lo que me gustaba, las ventas. Debo destacar que me adapté rápido, claro llevaba un bastón para apoyarme, lo usé por tres meses, hasta que un día dije ya es hora de dejarlo.

Pasados un año y unos meses ya caminaba, fueron momentos fuertes de muchas pruebas, pero la meditación y todas las enseñanzas aprendidas gracias al Maestro, me ayudaron a soportar los momentos de desesperación. Nunca me imaginaba que esas enseñanzas me fueran a ayudar tanto en mi vida.

El Cáncer

Continúe mi vida y formé mi propia compañía, pasados varios años, a los 32 años me casé. Tenía una compañía de importación con siete vendedores a nivel nacional. Dos años más tarde nacía mi primer hijo, Gabriel Enrique, actualmente Médico, el cual se graduó a los 23 años. Mi vida era muy estresada con todas las responsabilidades de la compañía, ya que prácticamente yo hacía todas las funciones, como era pequeña, hacía muchas cosas a la vez, vendía, cobraba, despachaba, viajaba y preparaba la facturación y contabilidad. Tenía una persona que a veces me ayudaba, su nombre era Carlos.

La manejaba solo, estaba creciendo, debo de admitir que me iba muy bien y que estaba progresando rápido, de un vendedor que era yo ya había logrado tener siete. Lamentablemente la corrupción y mala economía del país establecieron un control de cambio que limitaba la importación. Decidí que debía de hacer otra cosa, con una persona que conocí, me sugirió por qué no abría un pool, había locales de moda, en esos momentos, con espectáculos en vivo y restaurant; fui a visitar algunos y me pareció buena idea.

Ya que no podía importar y lo nacional no dejaba margen para los vendedores.

En esos momentos las relaciones en el matrimonio iban de mal en peor, debo de admitir que tuve mucha responsabilidad también en que no funcionara. La incompatibilidad de caracteres fue factor determinante, decidí abrir un local, se buscó el lugar y empecé a comprar todo lo necesario. En la construcción del local empezaron los dolores, decidí ir al médico y los exámenes no fueron nada alentadores; me refirieron a un oncológico, tenía un corto circuito en mi cabeza.

—Oncológico doctora. Dije—

—Sí, me respondió la doctora, debe de verlo un oncólogo.

—Debe de estar errado dije.

—No, me respondió.

Regresé al local y conversé con mi supuesto "amigo" le Conté lo que me sucedía, se ofreció ayudarme y que su madre había pasado por eso. Que yo podría salir adelante, mi padre Médico falleció de cáncer a los 37 años y yo con tres meses de nacido.

Se repetía la historia pensé, no ese diagnóstico esta errado, debo de ir a un oncólogo. Realizados los exámenes en el oncológico, los resultados eran peores, me desesperé y puse de socio al "amigo". Por si enfermaba pudiera darle dinero a mi hijo para su crecimiento. La prioridad, crear rápido el local para ayudar a mi hijo en su manutención en caso de yo fallecer. Todavía no creía en el diagnostico tan severo y me trasladé a la capital. Fui a dos oncológicos, para esos momentos ya se había inaugurado el local. Mientras yo estaba haciéndome todos los exámenes el supuesto "amigo" me estaba robando, eso fue lo que unos mesoneros de confianza me participaron y lo constaté, no cuadraban las cuentas.

Tres eventos Difíciles al mismo tiempo

Así bauticé a los eventos que me sucedían, me estaba divorciando, muriendo y me estaban estafando. Realmente no voy a describir cada uno de los eventos ya que no vale la pena recordarlos. Solo le pido a DIOS que ilumine a esas personas, porque mi "amigo" hizo unas cochinadas, con trampas y me causó un gran descontrol emocional. Con todas las cosas sucias que hizo, me arruinó. Pero el bien siempre triunfa y las personas que actúan bien, les va bien. Fueron momentos muy difíciles; ya que estaba pasando por otras situaciones fuertes, el divorcio y el cáncer. Le agradezco y lo perdono; eso me dio la fortaleza de ser la persona que soy.

Con todas esas circunstancias que vivía, no era fácil ver una salida positiva, sobre todo en la salud. El diagnóstico no daba esperanzas, solo dos meses de vida. La verdad no fue fácil admitirlo y menos que no veía a mi hijo crecer. ¿Sería igual la historia? mi padre murió joven y ahora yo. La verdad fue muy triste esos momentos, por lo avanzado del cáncer no había nada que hacer; ya estaba en la fase 4, era un carcinoma de próstata.

Con 34 años era muy extraño siendo tan joven. Los antígenos estaban en 42 siendo el valor 0-4, más metástasis, en varios órganos; no eso no me podía estar pasando a mí. Lloré y dije esto no puede repetirse, quiero ver a mi hijo crecer, apoyarlo, y verlo graduarse. Entré en oración y pedí una oportunidad a Dios, me centré y recordé todo lo que había hecho cuando quede inválido, ¿será que hago lo mismo? me pregunté. Pues no creo que tenga nada que perder, prácticamente no tenía nada; ni salud, ni dinero, ni familia. Entre en meditación y vi todo en otra forma, lo primero aceptar que tenía una enfermedad, yo la creé, yo la destruyo.

Lo segundo, el único que decide cuando mueres es Dios y yo no había escuchado que me llamara, sátira. Tercero, nadie me dijo que no podía luchar contra la enfermedad. Había perdido mucho peso, de 85kg estaba pasado de peso, pero rebajé a 55 kg, lo primero que hice fue dejar en manos del abogado el problema del negocio y me olvidé de eso. Hablé con la madre de mi hijo para estar tranquilo y llevar las cosas en paz. Lo que tocaba era dedicarme a mí, para eso debía elaborar un plan de cómo y de qué forma podía ayudarme. Bueno por dónde empezar era el dilema.

El Comienzo

Lo primero era aprender sobre mi cuerpo, busqué un atlas del cuerpo humano, para poder tener una idea más clara de todos mis órganos, su ubicación, debía de mentalizar y recordar toda mi anatomía, sobre todo el pulmón, la próstata e hígado, que eran los que estaban totalmente comprometidos, así como mi sangre.

Decidí ir a meditar a una montaña que está en caracas. El Ávila, por un sector que se llama loma del viento, eran 1200 metros que debía subir, pero para mí era como 10 kilómetros. Tardaba más de una hora, debía de pararme varias veces, por lo que me agotaba,

Debó de reconocer que muchas veces me provocó declinar, pero una voz interna me decía ¡tú puedes, adelante! Habiendo llegado al cortafuego tomaba agua y me dirigía hacia un árbol que estaba un poco retirado. Lo había escogido como mi lugar de meditación, empecé a visualizar mis órganos, como empezaban a sanar; mi sangre; mi próstata, hígado y pulmones, hacia los mantras que había enseñado el Maestro.

Haciendo respiraciones profundamente; permanecía en ese lugar unas cinco horas, haciendo esa rutina en periodos de media hora, con un descanso de quince minutos. Me concentraba en cada cuadrante del cuerpo, haciendo todas y cada una de las visualizaciones, con los mantras, me concentraba al máximo, puedo decir que sentía como si me metía dentro de mi cuerpo y lo recorría en su totalidad. Buscaba mi paz interior.

El reconocerme en todos mis sentidos era un aprendizaje de mí. Entré en una reflexión de mi vida y vi todas las circunstancias que flagelaron mi cuerpo, esas emociones que fueron destruyéndolo día a día, sin saber lo que sucedía. Yo era el único responsable de mi enfermedad, no había que culpar a nadie, solo a mí mismo. Mis acciones, pensamientos y palabras de cada día, mis rabias, mi desorden alimenticio, esa eran las causantes de mi enfermedad.

Por lo tanto, debía de cambiar todo eso, entre más, en un reconocimiento de mi ser. Hacia una retrospección diaria, como lo enseñó el Maestro. Que sabio era ese ser, la verdad que al pasar el tiempo y ver todas sus enseñanzas; solo queda una cosa por decir gracias, Dios, por crear seres tan especiales, que dedicaron su vida y su tiempo para enseñar y servir. Gracias I.R por todos los conocimientos que nos diste y digo diste por que fueron muchas, muchas personas que lo recibieron también. Ojalá sus vidas sean de provecho. Seguí trabajando día a día, empecé a comer frutas y verduras, algo que no me agradaba en una época y mi rutina de todas las mañanas era un compromiso. En mi mente solo había una cosa sanarme, fui creando mis rutinas de visualización de mi cuerpo cada vez más perfectas. Sentía como me llenaba de energía vital y al hacer los mantras mi cuerpo vibraba de tal forma; que me sentía cada vez mejor, empecé a ganar peso, ¿sería buen síntoma?

Subía un poco más rápido la montaña y no me paraba, habían pasado tres semanas y me sentía mejor. ¿eran esos los síntomas de que me iba a morir? Yo pensaba que no pero bueno me quedaba un mes y una semana, solo quedaba una cosa, averiguarlo. La única forma era seguir y ver el resultado final no había otra. Seguí con mi rutina diaria y en esos días la hice más fuerte. A pesar de no tener dinero, tuve la suerte de haber comprado unas prendas de oro en mis momentos que lo había ganado. Las cuales vendí para mantenerme, aunque tenía familia estaba sólo, no quería que nadie supiera que tenía cáncer y que moría. Sólo le había comunicado a la madre de mi hijo, pidiéndole no lo dijera, pero se lo comunicó a mi familia. Fue un golpe duro para todos, me había quedado en casa de una amiga que me había dado el apoyo, su casa estaba relativamente cerca del oncológico.

Fueron pasando los días y realmente no era agradable recordar las palabras, dos meses de vida. No me torturé más y me dije eso no va a pasar; si fuera así me sentiría peor, pero yo me siento mejor, el semblante era distinto, no tenía el color cartón y había engordado 5 kilos. Procuré no pensar más en el tiempo, sería la voluntad de Dios y la mía. Yo decidí sanarme y como dicen ayúdate que yo te ayudaré, un día me conseguí a una persona conocida y me dijo

—Caramba Gabriel como estas, te ves más delgado. El divorcio fue bueno, adelgazaste y tienes muy buen semblante, claro está, luces delgado estas pasando hambre bromeó.

—Bien gracias y a ti como te va, tu familia cómo esta. Respondí.

Eso me hizo reflexionar, no me ven con cara de enfermo, está funcionando lo que hago, si, había pasado 1 mes y tres semanas y pesaba 64 kilogramos, me pesé porque sentí que la ropa ya me estaba quedando apretada y no era porque tenía ninguna masa deforme en el cuerpo. Cada día me sentía más fuerte y enérgico, subía más rápido a la montaña y no me cansaba; en resumen, me sentía muchísimo mejor. Llegó la semana ocho, dos meses, bueno pensé, ¿si esto es así? te dicen que muy estas mal y te sientes mucho mejor, ¿te repones y te mueres que triste? Lo único bueno es que me quedará mejor la ropa en el ataúd. Me dio mucha risa ese pensamiento y dije bueno en siete días me hago los antígenos. Saldremos de dudas, decidí averiguarlo a la semana siguiente. Fui hacerme la prueba del antígeno, la cual me dieron el resultado una semana más tarde. Tenía dos meses y catorce días, la emoción recorrió todo mi cuerpo cuando me los entregaron. Cómo saldrían, tardé como quince minutos para verlos. Había aprendido a leer los valores, por lo cual sabría el significado del resultado. Respiré profundo y lo abrí, los quería ver y al mismo tiempo no. Cuando los leí estaban en 15 habían bajado de 42, salté de alegría; las personas que me miraban pensarían que mi mujer estaba embarazada, pues tal vez supondrían era una prueba de embarazo lo que leía por mi felicidad. En ese momento me senté y dije gracias, Dios, sé que saldré de esta. Seguí haciendo mis terapias, más unas que fueron en el agua, que recordé que enseñó el Maestro en el mar. Cada día que pasaba me sentía mucho mejor y seguía recobrando peso. De talla 34 de pantalón había bajado a 26 y ya estaba en 30 y mi peso era de 68 kg. Cabe destacar que llevaba un seguimiento a mi peso y masa muscular. Pasados 2 ½ meses y seguía sintiéndome mejor, decidí tomar unas plantas que el Maestro recomendaba en su libro cúrese comiendo y bebiendo, más otras recomendaciones que recordaba del Maestro para depurar el cuerpo. Empecé a tomar las plantas para la sangre y el hígado y una mezcla de bicarbonato con limón y agua tibia.

También, cebolla con miel y sábila, las tomaba dos veces al día algunas y tres veces otras. Procuraba ir a la playa dos veces a la semana y hacer la hidroterapia que recomendaba el Maestro. Fui mejorando cada día con todas las cosas que hacía. Era el tercer mes y mi condición mejoraba cada día. Decidí hacerme los exámenes mensualmente a ver cómo seguía. Al mes exacto fui a repetir los exámenes de sangre, el antígeno había bajado a cinco.

Me quedé impactado, ¿sería real el resultado? pues me lo repetiría en otro laboratorio. Lo hice a los cuatro días y mi sorpresa fue mayor, el antígeno estaba 4,1. Recuerdo que el día anterior me había hecho las terapias de agua; empecé a tener en cuenta eso. Estaba en el cuarto mes y seguía ganando peso y ya no subía en una hora y media la montaña, lo lograba en 25 minutos. Las personas deportistas en buena condición lo hacían en 14 minutos y las personas normales 20 minutos, no estaba tan mal mi tiempo.

Al pasar dos semanas decidí repetir el examen del antígeno, volvió a sorprenderme 1.9. Mi semblante era perfecto y le había anexado hacer algo de ejercicio en la montaña. Realmente no parecía enfermo por ningún lado, hasta fuerte se veía mi contextura. Había pasado hacia el quinto mes y decidí hacerme las tomografías, para ver cómo estaban mis órganos.

Los cuales tanto el hígado como los pulmones no estaban nada bien la primera vez. Pero yo me sentía óptimo, respiraba bien en las terapias que hacía de respiración. La molestia que tenía en la zona del hígado, más la inflamación había desaparecido hacía tiempo atrás. Pero eran los lugares que más le temía al hacer los exámenes, tuve mi primera sorpresa.

Decidí hacer primero un eco abdominal, el cual salió todo bien, no se veían alteraciones en ningún órgano, el hígado se veía perfecto, no había tumores, no se veían sombras, no se veía nada. Los riñones y demás órganos perfectos. Regresé al oncológico con los resultados que tenía, se asombraron y sugerí hacerme los tacs

Si había algo en otro lugar lo sabría; me hice placas torácicas donde todo se veía normal y un TC con contraste. No salió nada todo estaba normal, al llevarlo a la Dra. Que me atendía y ver todo me dijo:

—Gabriel no sé qué decirte esto es un milagro. Dios tiene un propósito para ti. ¿qué hiciste? Le conté todo lo que estaba haciendo y me dijo continúalo. Le comenté mi experiencia anterior del accidente y cómo me sané.

—Gabriel dijo eres un caso milagro dos veces. A pesar de ser científica; sé que Dios nos tiene misiones que cumplir, evalúa tu vida y ve que debes de hacer. Pero muy importante sólo dos cosas te voy a recomendar, sigue con lo que haces y evalúate por cinco años. Has tus exámenes debes de tener una gran misión, búscala.

Me fui sin saber que hacer gritar; saltar; abrazar a todo el mundo; llorar de alegría; eso fue lo que pasó, lloré de alegría.

Di gracias a Dios por esta nueva oportunidad. Esa·semana fue de grandes noticias, mi abogado había resuelto todas las cochinadas, que había realizado mi "amigo" con un compadre, que tenía en la policía. Hicieron una simulación de hechos punibles, que hasta casi me metían preso

Por eso digo cochinadas, pero Dios estaba conmigo y me puso un abogado que era un comisario jefe a nivel nacional. Comprobó mi inocencia y actuó sobre las personas que mintieron. Dios se encargó de los otros, solo quedaba la demanda mercantil que ya iba a ganar. Cuando el "amigo" desvalijó el negocio y huyó. Pero ya nada de eso me importaba, solo que mi nombre quedara limpio de todas esas cochinadas que hizo. Y dedicarme a hacer otras cosas, ya todo estaba aclarado y podría volver a trabajar. Omito momentos que viví gracias a esas situaciones por no hacer más larga la historia.

Pero fueron de impotencia rabias y tristeza, confiar en alguien cuando estás muriendo y no sólo te roba, te estafa, si no que busca hacerte daño con mentiras. Fue un aprendizaje duro, pero hermoso, Dios me dio fortaleza para resolver los tres eventos y salir airoso de ellos. y poder ser la persona que soy actualmente. Ese día después de los resultados recordé las palabras de la Dra., Dios tiene un propósito contigo. ¿Sería así? ¿Cuál sería el propósito? ¿Que debía de hacer? Cuando ya estaba en el sexto mes, un día iba a realizar mis exámenes que gracias a Dios salieron excelentes; antígenos 0.90, estaba una persona llorando por los resultados de unos exámenes. Era una señora cuyos antígenos tumorales estaban altísimos, la señora estaba sola y me acerque a hablarle.

—Hola disculpa, ¿qué te sucede? Pregunte.

—Mis valores están muy mal, respondió. Tengo cáncer de útero y no se ve nada positivo, no quiero morir.

—Espera, me permites decirte algo respondí, a mí me dieron 2 meses de vida, con un cáncer de próstata y metástasis y ya han pasado seis meses y mira mis exámenes salen bien.

—¿Cómo así? dijo. ¿Qué hiciste?

—Porqué dicen que eso no se cura. Le conté todo lo que estaba tomando y haciendo, me pidió se lo escribiera en una hoja y se lo escribí en la hoja de los resultados.

—Le dije hazlo, estoy seguro te ayudará.

En ese momento me vio y me dijo

—Gracias, eres un ángel, que Dios te bendiga—. Cuando Salí me sentía muy bien; me sentí útil de haber podido ayudar a esa persona. No sabía si lo que le sugerí la ayudaría, pero al hablar con ella se sintió tranquila y relajada. Pensé ¿sería esa mi misión de vida? ¿ayudar a otros? Se sentía muy bien.

Empecé a buscar trabajo, porque me había arruinado el "amigo". Ya que todo mi dinero estaba invertido en el local.

Me ofrecieron varias gerencias de ventas, por la experiencia de mi empresa, pero las rechace todas. Aunque tenían muy buenos paquetes anuales. Empecé de nuevo mi vida, conseguí trabajo en una empresa, era venta de productos químicos nada de lo que había ni trabajado ni estudiado. Pero me gustaba porque tenía libertad de acción, en los gerenciales tenía que estar metido en una oficina todo el día. Afortunadamente mi experiencia en ventas me había dado grandes ventajas y me convertí en el mejor vendedor nuevo y a los dos meses, estaba en primer lugar como el mejor de la capital. Empecé a producir dinero suficiente para estar tranquilo y poder guardar, ahí empezó todo.

Los Sueños

Ya con la mente más tranquila estando sano y pudiendo cubrir mis necesidades, mi vida se volvió más tranquila. Empecé a recordar otros ejercicios que daba el Maestro, la retrospección, comencé a hacerla a diario y me daba cuenta de otras cosas que estaban equivocadas en mi vida. Las cuales fui cambiando.

En ese momento empecé a "soñar," que estaba en un salón de clases y me enseñaban a hacer la imposición de manos. A detectar lo que la gente tenía; los colores y la forma de escaneo a utilizar, dependiendo de las enfermedades. Digo sueños, ya que muchas personas lo llaman revelaciones, otros dones y yo respeto las opiniones, para mí fue una instrucción que se me dio. Eran continuas esas lecciones y esto no lo había dicho nunca.

Hubo clases del cuerpo humano y esa las "soñé" con mi padre que era médico y nunca lo conocí en vida. El murió al yo tener 3 meses de nacido, pero era igual a las fotos. Empecé a practicar con mi hermana, "fue mi conejillo de indias" y por cosas del destino empezaron a contactarme personas. Fui a las casas y aplicaba lo aprendido. Se corrió la voz entre la gente y veía 12 diarias en la casa que iba. Lo hacía tres veces a la semana.

Atendí una señora con cáncer que la habían desahuciado, se sanó y fueron llegando más. Un día me preguntaron si podía atender a un señor con un cáncer de próstata. Cuando fui, la dueña del local me dijo que no lo usaba.

—¿Tienes un lugar para atender?, me preguntó.

—No. Respondí, voy a las casas actualmente.

—Este local es tuyo me dijo Mari. Úsalo no pagarás nada, naciste para hacer el bien. No lo podía creer, podría ayudar de una forma más organizada.

—Hay dos cubículos con sus camillas, úsalos me dijo,

—Yo me voy a España, ayuda, hacen falta personas como tú.

La verdad, sentí una gran emoción.

—¿Cuándo puedo empezar? pregunté.

—Desde ahora si quieres, me respondió.

—A partir de mañana dije. Era perfecto, mi trabajo me daba el tiempo para ambas cosas. Me puse un horario, en la mañana trabajaba en las ventas y en la tarde ayudaba.

Les notifiqué a las personas que estaría en un local para atenderlas, le di gracias a Dios por mostrarme mi camino. No paraba de decir gracias, los resultados fueron muy rápidos.

Atendía entre 15 y 20 personas diarias, a tal punto que trabajaba dos mañanas también; pero era increíble vendía más y más y lo hacía vía telefónica. Tenía más tiempo para ayudar, en ese momento yo no percibía dinero por la ayuda a las personas. Había un pote de vidrio y la gente daba lo que quería. Con ese dinero compraba comida para los niños de la calle, lo triste fue descubrir a una Sra. que iba a diario para que ayudara a su niña y se llevaba dinero del pote, fue decepcionante para mi verlo ya que la niña que tenía once años era su cómplice, al poner el pote adentro cambió la donación, era más dinero para los niños de la calle. Gracias a Dios mi trabajo cubría todas mis necesidades. Por dos años y medio tuve el local hasta que se me informó que lo iban a vender, pero como Dios siempre nos ayuda en frente del local había un ambulatorio y la dueña me ofreció un consultorio, que era compartido con una pediatra, ella en la mañana y yo en la tarde, hasta que ella se mudó a otra clínica más grande, hicimos una hermosa amistad, actualmente es la madrina de una de mis hijas. La tarde me quedaba pequeña, debía de trabajar todo el día, pero podía organizarme bien con mi trabajo, además el dueño me daba la libertad que quería, porque era el que más vendía y mejor me pagaban, cuando llegaba un gerente nuevo él le decía: a Gabriel lo trato directamente. A los dos años seguía haciéndome todas mis rutinas y exámenes para un seguimiento, pero gracias a Dios todo salía normal, en esos días me pasaron dos cosas diferentes; tuve mi sueño con unas pirámides de México, Chichen Itzá, donde se me decía que debía de ir. Nada es casual, en esos días había conocido a una persona que vendía seguros y se habían ganado unos premios. Eran unos viajes y había una de las ganadoras que no podía ir; me preguntó si yo lo quería.'

—¿Y a dónde es el viaje? — pregunté.

—Bueno es con todo incluido pasaje y comidas esta todo pagado. Respondió.

—Que bien suena, respondí.

—¿Y el lugar? Pregunté. Unas vacaciones serían buenas y con todo incluido mejor.

—Bahamas respondió. Pero de ahí salimos a México que es el segundo premio, porque nos ganamos los dos lugares y como te dije, no puede ir una persona. Es en Cancún, ahí hay unas pirámides, dicen que el paseo es muy bonito, pero no está incluido si quieren pueden ir a las pirámides.

—¿Sabes cuáles? Pregunté. —

—Sí, Chichen Itzá creo me respondió. Me eché a reír,

—Que te pasa por que te ríes es verdad.

—Tranquila me recordé algo gracioso respondí. No lo podía creer

—¿Tienes pasaporte? — Preguntó.

—Sí, está listo ¿cuándo salimos? pregunté.

—¿Te anoto? — Dijo.

—Sí por supuesto contesté.

—Es la próxima semana. Tráeme mañana tu pasaporte para anexarte al grupo. No sabía que decir era increíble, di gracias a Dios por todo. En esos días seguía atendiendo personas en el local, era fantástico me sentía muy bien de salud y, además, estaba ayudando a mucha gente, empecé a organizarme para el viaje.

México

El viaje empezó tomando un vuelo para Miami y de ahí un crucero para Bahamas. Realmente unas vacaciones caían muy bien, y por todo el estrés vivido, sería muy necesarias. El crucero era fantástico y el paseo era por unos cayos de Florida y Bahamas, tres días fue el crucero, fue muy placentero. De ahí regresé a Miami donde tomaría el avión a México; el lugar Cancún.

A la llegada a México, empezó el recorrido por la rivera Maya, una costa muy bonita llena de hoteles muy hermosos, llegamos al hotel que teníamos como destino y nos alojamos en nuestras habitaciones. Se nos dio un cronograma de actividades que había y entre esas estaba el paseo a Chichen Itzá. Íbamos a estar 3 días, por lo que había que aprovechar el tiempo. Como éramos un grupo nos habían dado varias entradas a distintos lugares, Planet Hollywood, Hard Rock Café y unos espectáculos en vivo en otros lugares; esos eran en la noche para el día había excursiones a Isla de Mujeres, Xcaret y otras, entre ellas Chichen Itzá.

Sugerí Chichen Itzá primero luego iría a las otras.

Chichen Itzá

Salimos en un autobús con un guía que iba explicando todos los lugares que pasábamos y contando parte de la historia de cada uno. El viaje, fue muy agradable; después de unas horas de camino llegamos a las pirámides, me parecía totalmente familiar a pesar de que era la primera vez que iba. Quedaron en una hora a la entrada para el regreso y los que quisieran seguían con el guía y luego les dejarían dos horas para ir donde desearan del lugar.

Decidí separarme del grupo después de diez minutos. Sentía que debía de percibir lo que realmente me transmitiera el lugar y había varia información que el guía daba y yo sentía otra cosa.

Empecé a experimentar algo que no podía entender, al apoyar mis manos en una piedra o lugar veía como una película de este. Era realmente extraño, me reía ya que en tono de broma me preguntaba ¿que tendría el desayuno raro que veía cosas? Si lo hubiera comentado, me hubieran dicho que estaba fumando hierba adulterada, (nunca lo hice en mi vida) hubo un momento de mucha risa, que varias personas me miraban extrañados y recordaba el día del yopo cuando tenía 16 años en el Amazonas. ¿Será que se activa de nuevo eso? Pensé. Me reí y seguí experimentando esas sensaciones era increíble.

Me llegaba información de la cultura. No sé si sea real, o fuera producto de mi imaginación; sólo puedo decir que lo que vi; es que era una civilización sumamente evolucionada. Era como ver una película y había muchas cosas distintas a lo que explicaba el guía. Tal vez ciertas o tal vez no, solo sé que esa información que recibí me ayudó a comprender mucho la evolución humana.

Fue un día maravilloso para mí, todo lo que había percibido me ampliaba mucho más los horizontes de la percepción, cuando regresamos de la excursión, fuimos a un lugar a comer y todos compartían sus experiencias, algunos habían sentido algo especial otros fueron normales y a dos no les había gustado mucho; cuando me preguntaban a mi decía fue interesante, uno me preguntó.

—Gabriel ¿Tú ya habías venido antes? —

—No. Respondí ¿Por qué?

—Es qué te desplazabas como si ya conocieras el lugar.

—No, dije y sonreí. En la noche ya en el hotel estaban planificando salir a algún lugar. Decidí quedarme, quería meditar sobre todo lo vivido ese día. En la noche sentí mis energías extrañas, eran como si hubieran cambiado en algo; cuando medité en la pirámide del Sol sentí una fuerza energética sumamente sutil, que quedo en mí.

Esa misma sensación persistió, se incrementó mucho más la intuición y la percepción en mí desde ese momento. Los siguientes días fueron de mucha reflexión, las personas del grupo cuando salíamos me decían, estas como ido desde que fuimos a Chichen Itzá estas distinto.

—¿Cómo? Pregunte.

—Estas muy pensativo respondieron.

Sonreí sí esa cultura es realmente interesante, el viaje termino dos días después, fuimos a los otros lugares muy hermosos. Pero mi mente seguía en Chichen Itzá, regresamos a Venezuela donde continúe mis labores de trabajo y de ayuda.

Al regresar el primer día en el consultorio, me llamó la atención que las personas que le hacía sanación comentaban que sentían una energía muy fuerte. Bromeando decían se cargó las pilas, por qué se siente muy intensa pero sutil. Entonces lo que yo experimentaba del cambio era real, todos los días comentaron eso las personas, que ya se habían atendido antes conmigo.

Las nuevas argumentaban usted tiene una energía muy fuerte, en esos momentos había muchos casos difíciles con cáncer, hemofilia, lupus y otras patologías y los resultados fueron increíbles.

Se sanaron de una forma que los mismos médicos llamaron

"milagro". La alegría de mi ser era inmensa, estaba ayudando a muchas personas diariamente, al punto que tuve que trabajar los dos turnos, desde las 7am hasta las 7pm.

Empecé a atender un promedio de 50 personas diarias, repartía 25 números en la mañana y 25 a la una de la tarde. Muchas veces venían personas pidiendo que por favor las atendiera ya fueran las últimas, no les importaba esperar. Eso fue creciendo hasta llegar a 60 personas al día, para aclarar algo la gente daba una colaboración si podía; para mi labor de ayuda a los niños de la calle. Pasaron dos años más y mis chequeos seguían perfectos.

Después de casi cinco años decidí no torturarme más, aunque sé que eran necesarios, era una tortura inconsciente, porque siempre había una incertidumbre. Aprendí a chequear mi cuerpo y detectar si había algo malo, en el año 98 a finales empecé a tener más "sueños". Los llamo así para no crear polémicas con ninguna ideología. Estoy muy claro en lo que realmente me sucede.

Empecé a ser orientado a ir al Tíbet, viendo el lugar y la fecha que debía de estar, mi situación económica no estaba muy buena para ese viaje ya que era mucho dinero. Pero la providencia divina siempre conspiró a mi favor. Conseguí unas grandes ventas a principio del año algo que no ocurría y menos un primero de enero, siempre eran en febrero.

Logré reunir el dinero y organizar la fecha, debía de estar para el Festival de Wesak, eso se efectúa en el Tíbet, en una montaña llamada Kailash; a aproximadamente 1600 km de Lhasa la capital. Comencé a averiguar cómo ir y por dónde; ya teniendo un itinerario y ruta; fui a las embajadas pertinentes para saber que necesitaba. Con toda la información, procedí con los requerimientos necesarios que debía de tener para cada embajada y me dieran las visas, eso incluyó entre otros una vacuna de la fiebre amarilla para la India. Empezó un nuevo capítulo llegar al Tíbet.

Tíbet

Monte Kailash

El viaje empezó de Venezuela a Inglaterra, de ahí salí a la India llegando a Delhi y luego a Katmandú en Nepal

Era bastante complicado entrar al Tíbet; averiguando cómo ir necesitaba unos permisos y estar en un grupo, algo que yo no tenía, ya que iba sólo. Empecé a averiguar cómo podía hacer para entrar. Realmente siempre digo Dios estaba conmigo y pasaron cosas insólitas, que contarlas sería difícil de creer. Lo cierto del caso es que todo fluyó de una forma bastante extraña.

El encargado de la embajada era bastante rígido y solía negar las visas, esa fue la información del agente de viajes que "casualmente" me conseguí en ese momento; por obra de Dios me dio la visa ese mismo día. También logré que me anexaran a un grupo que salía al día siguiente a Lhasa, lo que me facilitó las cosas.

Era todo programado desde "arriba" (así lo veía). Todos los impedimentos que me habían dicho desaparecían como por arte de magia. Algo que realmente me emocionaba.

Habiendo tenido tantas trabas desde el principio, fue como decepcionante, pero al ir a cada lugar y todo fluir, me daba más fe del que el universo siempre conspira a tu favor. En la mañana del día siguiente estaba en un vuelo a Tíbet.

La experiencia de volar cerca de las montañas más altas del mundo es algo único, volamos tan cerca del monte Everest y el K2 que casi estábamos al lado de la cima. Muchas veces no apreciamos la belleza natural de los lugares que visitamos, por estar distraídos. La verdadera realidad de nuestras vidas, es que lo único que nos llevamos son nuestras experiencias.

Al llegar a Lhasa, se sentía una energía diferente, no sé si era yo sólo el que lo percibía, pero fue espectacular. Una vez instalado en el hotel me puse en camino para averiguar cómo ir a Kailash.

Después de recorrer varias agencias de viajes vi que era bastante costoso y algo complicado, de nuevo se necesitaban varios permisos para ir hasta Kailash, al menos 4 permisos y 5 días de viaje en un rustico y bastante dinero. Otra vez veía difícil ir, pero como siempre la "Providencia Divina" puso su mano, llegue a una agencia de viajes bastante económica y sacaban los permisos muy rápido.

A la mañana siguiente ya estaba en camino, a partir de ahora empezaba mi proceso.

Una nueva experiencia estaba por comenzar.

Emociones

Hubo una serie de eventos en el viaje; que luego aprendí que era lo que me pasaba, la llamo "La Guerra de los Yo". La guerra de los yo fue enfrentarme durante tres días a una cantidad de emociones sin previo aviso. Un ejemplo fue una noche que nos quedamos accidentados y estábamos aproximadamente a unos 4800 metros de altura; se hizo de noche y yo no podía respirar, estaba tupido y entré en pánico. Quería salir corriendo, lo absurdo era si lo hacía; porque entraría en hipotermia.

Estimo estábamos a unos grados bajo cero y seguro me congelaría, ahí empezó mi aprendizaje.; dominé la emoción y me estabilicé. Ese era el principio de muchas emociones negativas, las cuales tuve que dominar y vencer durante tres días seguidos.

Suena fácil, pero la verdad fue un proceso duro, ya sabemos la gran cantidad de emociones que existen, miedos, depresión, incertidumbre y muchas más que viví en esos tres días. Pero salí triunfante de todas, actualmente entiendo por qué pasé por ese aprendizaje.

Al ser terapista tengo las herramientas que me ayudaron a mí a superar todos esos eventos y son los que transmito, para que las personas puedan superarlos igual que yo. En el viaje también pude conectarme con energías de amor, luz, paz y poder vibrar en ellas. Después de tres días de camino, pude meditar en un monasterio, en un lugar llamado dongpa.

Fue una experiencia hermosa, pude visualizar el lugar que tenía que ir con más exactitud; al 4to día ya estábamos al pie del monte Kailash. Durante el viaje nos paramos en varias carpas de nómadas para descansar y ellos se ofrecían a calentar y preparar comida si deseábamos, o nos daban té. La verdad es inimaginable como esas personas viven como nómadas con sus cabras y sus yaks.

Llegando al campamento base de Kailash, también había muchas carpas de personas que se ofrecían como guías y para cargar la carga, si se quería subir a la montaña. Con el guía encontré un yaksmen **(hombre toro)** para subir a Kailash al día siguiente.

A las 5 am estábamos ya en camino. Llevaba mi carpa, bolsa de dormir para poder pernoctar en la montaña. Caminamos por muchas horas parándome a descansar en varias oportunidades.

La altura me impedía caminar rápido y debía descansar, la falta de oxígeno fue también una traba para mí, debía de ver de controlar mi respiración. Luego de muchas horas de camino y ascenso llegué al lugar indicado, pienso estaba entre 5200 a 5600 metros de altura. Me puse dos monos deportivos, dos pantalones, suéter, guantes chaqueta y gorro. Sabía que lo que me esperaba en la noche era mucho frío, pero lo que iba a vivir valía la pena.

Me dio mucha risa cuando iba a comerme un croissant, parecía una piedra estaba congelado. Había llevado enlatados, frutas, agua, 1 bolsa de dormir térmica o así decían, la carpa y unas mantas, aparentemente iba bien equipado para pasar unas dos noches, que era el tiempo que estaría en la montaña.

Fui a estar en ese lugar para el Festival de Wesak o festival de la luna llena en Tauro, no era el único que estaba en ese sitio, había muchos peregrinos que estaban ahí para ver o sentir el evento. En el Festival de Wesak se activa la energía de la iluminación que, canaliza el Buda y van hacia el Cristo; el Buda la proyecta para toda la humanidad con su amor, las cuales no recibiríamos por ser de muy alta vibración.

Hay doce festivales del año, que se activan en el plenilunio de cada signo zodiacal, hay tres principales, **Aries,** Festival de la Pascua, **Tauro,** Festival de Wesak, **Géminis,** Festival del Cristo; estos son los tres Festivales mayores.

Luego están los nueve Festivales menores. La conexión con esas energías es algo único y todos lo pueden hacer con las meditaciones grupales, en el día y hora exacta que empieza el plenilunio. La experiencia de lo vivido en ese Festival quedo en mi dejando un aprendizaje único, actualmente les enseño a mis alumnos a conectarse con esa energía en los momentos exactos y ellos dan sus propias experiencias.

Quiero destacar que el lugar es algo indescriptible, a una distancia relativamente cercana había un monasterio, (digo había ya que no se si en los momentos actuales exista). En ese monasterio conocí a un Lama, que la verdad impresionaba la edad que tenía, 108 años y parecía un hombre como de 50, pero con una vitalidad y energía que ni yo con 39 tenía.

Me permitió pernoctar, aunque no estaba permitido ya que se necesitaba un permiso para eso. Pude quedarme un buen tiempo, salía muy temprano en la mañana y pasaba la noche adentro.

Aprendí muchas técnicas de meditación con este Maestro; a trabajar en mi cuerpo y comprendí como me había curado. Me enseñó varias técnicas de respiración, las cuales entendí fueron las que ayudaron a sanarme. Claro está, las hacía o, mejor dicho, las activaba de forma empírica en aquellos momentos del pasado.

El tiempo que estuve en el Tíbet fue de un aprendizaje único, tuve la experiencia de entender cómo funcionan las energías en nuestro cuerpo, como podemos dominarlo, estabilizarlo y aprender a controlar nuestra mente. Los casi 2 meses que estuve en el lugar fue maravilloso.

El Lama me dijo al ya terminar mi estadía que si quería podía pedir un permiso para quedarme más tiempo, algo que me emocionó, pero decidí regresar a ayudar. La verdad que era muy tentativo pasar más tiempo en el lugar, pero evalué lo que realmente quería hacer y había mucha gente esperándome que necesitara ayuda. Había entendido cual era mi misión de vida realmente. Muchas de las técnicas que fui aprendiendo a través de mis viajes las enseñaré como una guía práctica más adelante en este libro para que las personas puedan ayudarse a sanar, y tener el bienestar deseado.

Empecé a dar cursos, talleres y preparar a muchas personas para ayudar a otros con la técnica que desarrollé.

R.E.A.C.

(Regeneración de la Estructura Atómica y Celular del Cuerpo)

Ese es el nombre de la técnica que creé y que enseño. Regeneración de la Estructura Atómica y Celular del cuerpo. Nosotros podemos controlar nuestro cuerpo, emociones y mente; digo que tal vez este equivocado, que el 99% de las enfermedades son psicosomáticas, 1% un virus, hongos o bacterias. Nuestras emociones destruyen nuestro cuerpo e inhiben nuestro sistema inmune, desde hace veinte años lo digo y actualmente la ciencia lo corrobora. Después de mi autocuración entendí como podía ayudar a más personas en su sanación.

Aprendí técnicas de meditación, mantra, canalización de energía, dominio de emociones y lo más importante la regeneración celular del cuerpo. Concienticé todo lo que había aprendido y le busqué su razonamiento científico y los resultados tienen su soporte de pruebas. Me dediqué a ayudar y enseñar mis técnicas de R.E.A.C y de esa forma llegar a más personas.

Realmente lo vivido y aprendido en Tíbet fue una de las experiencias más maravillosas que he tenido en mi vida.

Perú

En el año 2013 realicé mi viaje a Perú, se me indicó que debía ir a Nazca; donde me conectaría con unas energías para subir mi vibración. Estando en Perú aprovecharía para ir a Machu Picchu, llegando al aeropuerto de Lima e ir a buscar la maleta ocurrió lo inesperado, la maleta no llegó. Eso sería un gran problema, al reclamar en la aerolínea me dijeron que llegaría en el vuelo del día siguiente y me la mandarían al hotel. Esto arruinaba todo el cronograma ya que yo pensaba ir hacia Nazca al día siguiente.

Tuve que quedarme ese día en Lima, la aerolínea se comunicó conmigo diciéndome que la maleta me la entregarían en el hotel a última hora de la tarde, o posiblemente a la mañana siguiente. Por lo que les reclamé que todo el viaje hacia Nazca me lo estaban truncando; me informaron que harían lo posible por entregármela en esa tarde si llegaba.

Sin ropa y los planes cambiaron como estaban destinados, tenía que buscar una solución, tenía el viaje a Machu picchu ya listo. Había calculado tres días en Nazca, el de ida el de vuelta y uno en las Líneas; ya tenía uno perdido, la maleta me la entregaron ese día a eso de las 8 de la noche. Por lo que no pude planificar nada; ya que no tenía seguridad de si me traían o no la maleta. Eran dos días perdidos, Solo me quedaba uno y yo debía de ir a Nazca, aproveché ese día y fui a un mercado se llama polvos azules, para comprar algunas cosas, aunque ese no era el plan, pero debía de distraerme para no enojarme. Aproveché y conocí algunos lugares de Miraflores que era donde estaba el Hotel. Al regresar vi unos folletos que decían un full day en Nazca con el vuelo incluido, no había otra opción era esa o ninguna.

Llamé a la persona del folleto que era de una agencia de viajes y se apersonó, dándome todas las especificaciones.

—Saldrá en un autobús de Lima a Nazca a las 5 am, con un tiempo de 7 horas. Luego sobrevolará las líneas de Nazca, comerá algo y se regresará en el autobús con 7 horas de viaje, llegando aproximadamente 1 de la madrugada. Tenía que salir hacia el aeropuerto a las 5 am ya que el vuelo para Cuzco partía a las 6 30 am, esa era la única opción que había. Era arriesgado si por alguna causa no podía regresar a tiempo perdía el avión y reservaciones en Cuzco.

Lo medité unos minutos y dije hagámoslo, si no es así no lo haré y debo de ir a Nazca. A las 4 am ya estaba listo y vino una persona a buscarme, me llevó al terminal y me dio todas las especificaciones.

—Sr Gabriel cuando llegue estará una persona esperándolo que lo llevará al aeropuerto y lo guiará hasta el avión; luego almorzará y lo regresará a la estación de buses. Ya tiene todo reservado. Sólo presente su pasaporte, que tenga buen viaje; le agradecí y le pedí a Dios que todo saliera bien. El paisaje de Lima a Nazca era hermoso, me pusieron en el segundo piso del autobús en lo que llaman panorámico.

Prácticamente pegado al vidrio delantero, debo de confesar que no es el más agradable sitio para viajar para mi gusto. Pero disfruté del paisaje, se acercó una chica que trabajaba en la línea ofreciéndome una almohada y una cobija. Luego trajo el desayuno, realmente un servicio excelente. Acostumbrado a viajar en mi país en bus con trayectos largos, las 7 horas no iban a ser pesadas.

Llegando a Nazca pasamos en la carretera un lugar que llamaban el mirador, pero nosotros continuamos hasta el terminal.

Efectivamente había un Sr. con un cartel que tenía mi nombre esperándome. Después de presentarme me dijo bueno vayamos al aeropuerto es acá cerca. Estaba el piloto y una chica guía esperando, sobrevolamos las líneas mientras la guía me indicaba las figuras en la arena.

Realmente es impresionante ver todas esas cantidades de figuras que están dibujadas ¿Quién las hizo?, ¿Cuándo y para qué?, ¿Cuál era el fin? Al finalizar la trayectoria cuando veníamos de regreso le pedí al piloto si podía ir más despacio y medité por unos 10 minutos. Con lo que me conecté con la energía de ese lugar, fue una experiencia fantástica. Realmente no podía perder la oportunidad de ir allá, fuera cual fuera el sacrificio que yo tuviera que realizar.

Al bajarme del avión me llevaron a comer a un restaurante cerca del terminal de buses, para empezar mi retorno. Cuando regresaba entré en conciencia para asimilar toda la experiencia vivida. El regreso a Lima fue de horas de reflexión y meditación.

Aproveché descansar, ya que a las 5 am tendría que estar en el aeropuerto para el vuelo hacia Cuzco. Estando ya en la estación del bus tomé un taxi hacia el hotel. Logré dormir 3 horas ya que llegué a la 1 am. Preparé el equipaje y listo hacia el aeropuerto. Llegando a Cuzco me fui directo hacia el hotel y averigüé varios tours que había. Escogí el primer día hacia el Valle Sagrado, fue muy temprano la salida. Realmente fue un paseo increíble, poder estar presente en ese lugar y sentir la energía; de regreso fui a cenar y regresé al hotel.

El día siguiente debía de prepararme para ir a Machu Pichu. Muy temprano por la mañana, me dirigí hasta la estación del tren; El paseo tenía paisajes increíbles, hicieron un espectáculo.

La llegada a Machu Picchu fue emocionante, ver ese lugar tan lleno de energía tan perfecto y todo lo que hicieron los incas fue verdaderamente ilustrativo.

Fui hasta un lugar alejado de la gente para poder meditar y conectarme con esa energía; al ir recorriendo el lugar me paraba en varios sitios que me llamaban la atención y ponía mis manos. Era increíble me llegaban imágenes de lo que ocurrió en esos lugares, hubo un evento que me llegó la información de lo que era una de las piedras que estaban en el lugar y llegó un guía con un grupo y les explicó tal cual lo que yo había captado.

Obtuve información de los lugares de iniciación tanto con el Sol como de la Luna, como estaban con los solsticios y equinoccios y como estos tenían toda una ubicación con los puntos cardinales. Era realmente fantástico todo lo que esa civilización sabía; la estadía en Machu Picchu fue realmente maravillosa.

Pero en Nazca fue el lugar donde sentí la mayor conexión e instrucción para mí; fue donde llegué al grado de Namaeh. De regreso al hotel hice una meditación sobre todo lo vivido ese día. A la siguiente mañana ya estaba planificado mi regreso a Lima, donde me alistaría para retornar a mi país. La experiencia vivida en Perú fue realmente una enseñanza que me quedará para siempre.

Pasaron varios años para volver a viajar, la situación de mi país cada día era más caótica gracias a el gobierno, no es mi intención escribir de política, ya que este libro está escrito con otra finalidad, pero creo, que todo el que conozca la realidad de Venezuela, lo entenderá a la perfección.

Pasaron 5 años para volver a viajar, al hacerlo recorrí varios países, USA, Colombia, España, e Italia, en este último viví 3 meses fue en el 2018, buscando la forma de cómo ayudar por medio de mi fundación al pueblo de Venezuela. Claro está, los recursos eran los producidos por mi propio trabajo. El proyecto que tenía en Venezuela con mi fundación, tuve que desistir de él, ya que la casa que tenía en la playa para ese proyecto la invadieron 3 veces, apoyados por el gobierno robándose todo, por lo tanto, lo tuve que abandonar y vender la casa a un precio irrisorio.

En mis viajes di conferencias gratuitas en varias ciudades dando lo mejor para ayudar.

En el 2019 volví a salir de viaje a varios lugares, mis consultas online más lo que percibía de mi trabajo y los cursos que dicté me ayudó a volver a viajar. Con la suerte que en varios países solicitaron mis servicios.

Estuve por Bogotá y de ahí fui a Miami, averiguando ciertas cosas que me interesaban para mis futuros proyectos. De ahí fui a Dubái, donde solicitaron mi ayuda, luego a España y estando en España solicitaron mis servicios en Inglaterra.

Una vez terminada mi labor, siempre tuve un lugar en mente que quería visitar y conocer en Inglaterra, Stonehenge.

Stonehenge

Foto Antes de la meditación

Foto después de la Meditación

Luego de terminar los 4 días en Londres decidí ir a Stonehenge, realmente el tiempo no me favorecía; ya que mi vuelo de regreso a España salía ese día a las 4 pm. La noche anterior había hecho todo un cronograma de metro, tren y taxi, pero con el tiempo exacto para poder ir con la maleta, laptop, etc., no había excusa era así o tendría que esperar a saber cuándo. Muchas veces nos saboteamos y no nos decidimos, si soy honesto estuve a punto de sabotearme. Ya que todo era bastante apresurado y sin conocimiento del lugar. Me levanté a las 5 am. Tenía las cosas recogidas solo debía de partir, cuando salí ya del hotel, tenía un camino para ir a una estación del metro; pero para llegar a la conexión que quería debía de ir por otra entrada diferente.

Me encaminé y fui hacia el metro, cambie de línea y llegué a la estación de tren, aunque estaba algo retrasado de tiempo, arribé casualmente 7 minutos antes que saliera el primer tren 7.10 am, el otro partía a las 8.10 am. Salí de Londres a Salisbury y de ahí a Stonehenge, había unos buses turísticos pero los horarios no me favorecían. El tren duraba una hora y treinta minutos aproximadamente, al llegar a la estación de Salisbury eran aproximadamente las 8:40 am era perfecto.

Busqué un taxi que estaba en la parada fuera de la estación y fui a Stonehenge, el trayecto era como 15 minutos en carro; cuando llegué faltaban unos diez minutos para que abrieran. En la entrada tenían unos autobuses que te llevaban al lugar. Realmente el paisaje era hermoso y la energía, fantástica. Una vez en el parque le di la vuelta a todo el lugar y luego escogí un sitio donde meditar.

Claro está lamentablemente no fue dentro de las rocas, ya que tienen el lugar acordonado para el público; pero pude concentrarme muy bien y sentir las magníficas energías que transmite el lugar y donde todavía ocurren cosas indescriptibles; con las cuales me pude conectar.

Cuando entre le pedí a unas personas que por favor me tomaran las fotos, la primera fue cuando llegué, donde se ve el cielo azul y despejado, la segunda fue después de hacer mi meditación ya que estaba de carrera de vuelta, solo tuve una hora para estar en el lugar.

En la salida pedí que por favor me llamaran a un taxi de la misma compañía que me llevó.

Lo más impresionante de todo fue lo que apareció en la foto en la parte superior izquierda. Eso lo vi cuando venía en el tren de regreso; a pesar de que tenía el tiempo en contra, la hora que estuve ahí la conexión fue espectacular. Entendí muchas cosas que enseño en uno de mis talleres.

Tenía todo el tiempo cronometrado, la vuelta en tren, debía de llegar a una estación y caminar hasta el metro y llegar a otra estación de tren, que me llevaría al aeropuerto, donde tomaría el vuelo de regreso a España.

Montado en el tren empecé a asimilar toda la experiencia que viví; al mirar las fotos y ver esa figura en el cielo me dejó boquiabierto. Razoné y dije con razón vibré con lo que sentí.

La puse en el Instagram para ver qué opinaba la gente de eso, muchos decían que era San Miguel Arcángel; otros un guerrero de luz; la verdad no sé qué decir solo que lo que viví era increíble.

Al llegar a Londres empezó mi otra realidad dirigirme hacía el aeropuerto, afortunadamente si lo pides el universo siempre conspira a tu favor, solo tienes que conectarte con lo que realmente deseas, todo salió perfecto, a las 4:40 ya estaba en el avión rumbo a España. Llegando a Alicante que era el lugar donde está la casa de mi hermana y su esposo, compartí con ellos mi experiencia y al ver las fotos quedaron también impresionados.

Pasé varios días en España y meditaba sobre todo lo que capté en Stonehenge. Una amiga que estaba en Francia que yo había atendido a su mamá en Venezuela, me invitó a ir a Burdeos. Yo estaba planificando mi viaje a Egipto y decidí ir a visitarla unos días. Al mencionar Egipto a ella le gustaba la idea de ir, pero tenía unos asuntos pendientes que resolver y no podría viajar.

De ahí decidí hacer mi viaje y busqué la ruta, desde Roma salían vuelos a Egipto, busqué una página que tenía todo vuelo más hotel justo en Giza era perfecto. Tenía las pirámides en todo el frente eso sería alucinante. Viajé quedándome una noche en Roma y partía al otro día en la tarde. Había pasado varias veces por Roma, pero no me había tomado el tiempo de ir a ningún lugar histórico, ya era hora de visitar alguno.

Roma

Decidí quedarme en un hotel justo detrás del Vaticano e ir al día siguiente y conocer la Capilla Sixtina. Ver el arte del lugar es impresionante, paseé por el Vaticano y realicé una meditación adentro. Soy honesto lo hice por la fe que se mueve en ese lugar, respeto todo tipo de ideologías religiosas, pero hay cosas que mueven a un ser y otras no, soy más abierto al mundo espiritual sin tabúes, dogmas, y sin fanatismo. En la noche caminé por los alrededores para cenar y luego descansar, porque al otro día me esperaba una nueva aventura.

El vuelo hacia el Cairo salía en la tarde y de ahí tenía que desplazarme a Giza que quedaba como a cuarenta minutos.

Estando listo para despegar el vuelo tuvo que ser sometido a una inspección. Estuvimos aproximadamente como cuarenta minutos parados y ya tenía una hora de retraso. No iba a llegar a la hora planificada y eso descontrolaba todo el itinerario de llegada.

Egipto

La llegada a Egipto fue a las 6 de la tarde, sin tener idea real de cómo hacer, solo lo que leí y sin guía, ya en la noche se complicaba. Gracias a Dios que siempre nos pone a las personas que necesitamos en el camino, en el aeropuerto escuché a un muchacho que se dirigía hacia una Sra. con su hija y les hablaba en castellano.

Era el guía que las esperaba, me acerqué a ellos y le pregunté cómo podía hacer; muy amablemente me pidió mi pasaporte y me hizo todos los trámites del pago de entrada y me ayudó hasta la salida. Ellos iban en un bus ya que era un tour, pero me ubicó en un taxi para que me llevara hasta Giza.

Inclusive negoció el precio del viaje a Giza, porque al ser turista creen que llevas un saco de dinero y quieren venderte de todo, o ver cómo pueden obtener dinero de ti.

Eso me tranquilizó dentro de lo que cabe, iba más seguro ya que si hubiera salido yo solo, tal vez no hubiera conseguido la misma condición y tranquilidad. Al llegar a Giza después de unos cuarenta minutos de camino, nos dirigimos hacia el hostal.

La persona que me atendió realmente fue muy amable, me orientó donde podía comer e inclusive me dio instrucciones de no hacerle caso a nadie. Me llevó a mi habitación y cuando vi por la ventana "sorpresa" desde mi cama veía la pirámide de Keops

Esta fue la vista despertando en la mañana; claro esta se veía muchísimo más grande; al observar esa magnífica obra realizada por los egipcios, solo cabe destacar la perfección de su construcción y su verdadera enseñanza.

Fue muy extraña la coincidencia que estuve casi en las mismas fechas de Tíbet y Egipto, con veinte años de diferencia. Me hizo mucha gracia que en uno de mis cursos quince años antes; les decía a mis participantes que había unas cámaras en la pirámide de Keops que no habían descubierto. Casualmente estando allá vi la noticia que habían descubierto una cámara y se presumía había otras, ellas tenían una importancia fundamental en los procesos iniciáticos.

Descubrirán otras y todavía hay muchas cosas más que no han descubierto, e inclusive en la esfinge de Gizeh, pero al pasar el tiempo y si la humanidad va cambiando de conciencia, se revelarán nuevos misterios. Estuve dos días en meditación, solo salí de la habitación para buscar agua; debía de conectarme con la energía del lugar que realmente es impresionante. Volví a pasar un proceso similar al Tíbet, ese proceso fue la guerra de los "yo" por segunda vez, era para evaluar las emociones que tenía que seguir trabajando. Todo el conocimiento que tienen las pirámides es realmente importante, descifrarlas y concientizarlas. Al 3er día salí para ir a las pirámides, deseaba meditar sentado en ellas y sentir su energía

Caminando dentro del área se me acercó un ser con toda la intención de sacarme dinero, pero pude alejarlo de mi lado y poder continuar con mi plan.

Estando en las pirámides estuve en meditación y realmente todo lo que sentí y percibí fue magnifico. Paseé por toda el área para entrar en contacto con la energía del lugar. Mi meditación fue por la humanidad y por supuesto por mi país. Pidiendo que las conciencias humanas tengan un despertar de hermandad y fraternidad.

Luego de haber paseado y meditado por el lugar; Fui a tomarme unas fotos en la esfinge y al regresar y ver las fotos, realmente me impresionaron muchísimo. No esperaba ver lo que ocurrió en ellas, era el 3er evento en tres meses el anterior fue en Francia solo que no lo publiqué.

La verdad que al llegar a la habitacion y ver todas las fotos, estas llamaron mucho mi atencion, no creia lo que veía, una luz atravesaba mi mano, realmente era una señal, ya eran muchas las coincidencias y lo que pude aprender en cada lugar era verdaderamente importante. Estuve siete dias en Egipto y recorrí otros lugares mas. Fui a Saqqara donde hay otras piramides, en una de ellas entre hasta las cámaras y por suerte estaba solo. Acababan de abrirla al publico y no habia gente. Pude hacer mi meditación relajado sin perturbaciones de ruido o personas lo único que para acceder a las mismas era dificultoso llegar; debido al techo bajo y bastante largo e incómodo. Anexo el olor que todavía quedaba de el guano de los murciélagos, que olia fuerte y desagradable, pero aun asi me programé a realizar mi objetivo, meditar en las cámaras.

Cuando terminé mi meditación empecé mi ascenso hasta la salida, debo de admitir que era sumamente incómodo y hasta sentí la sensación de claustrofobia.

Cuando descendía, era más desagradable el olor, estuve a punto de renunciar, pero me tranquilicé me relajé y seguí. Ahora cuando estaba de regreso, al vivir la experiencia y canalización que tuve en las cámaras, supe que valió el esfuerzo, la perseverancia y que no permití que mis emociones me quisieran sabotear.

Siempre digo algo, "la única barrera entre lo que quieres y lo que puedes lograr, son tus miedos". Si permites que ellos te manejen no lograrás tus objetivos.

Después de 7 maravillosos días emprendí mi regreso. Fui a Italia, España, Francia, regresé a España y por último continué hacia Venezuela.

Cuando nos referimos a las emociones lamentablemente estas nos condicionan, manejan y lo más importante nos enferman. Pienso que el 99 % de las enfermedades son psicosomáticas, 1 % es un virus, hongo o bacterias, estoy seguro de que muchas personas estarán de acuerdo, al igual que otras diferirán de esto.

Una de las cosas que debemos hacer para evolucionar, es la concientización de nuestras acciones, palabras, pensamientos y trabajar en nosotros mismos para tener una mejor calidad de vida.

Puedes Sanarte

Esta parte del libro tiene el objetivo de ayudarte con los problemas de salud que puedas estar presentando y enseñarte como puedes hacerlo.

Lo primero es saber cómo estamos constituidos, que somos y cómo podemos activar todos los procesos regenerativos del cuerpo, de forma consciente.

En este segmento; tendremos una guía teórica- práctica para poder realizarlo.

El Cuaternario Inferior se divide en:

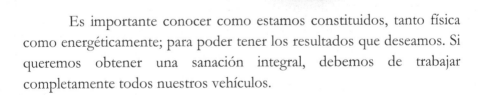

Cuerpo Físico. ----------------------
Doble Etéreo o Cuerpo Vital. --------
Cuerpo Astral o Emocional. ---------
Cuerpo Mental. ----------------------

Es importante conocer como estamos constituidos, tanto física como energéticamente; para poder tener los resultados que deseamos. Si queremos obtener una sanación integral, debemos de trabajar completamente todos nuestros vehículos.

Los Chakras

Los chakras son sumamente importantes, ya que a través de ellos se canaliza la energía vital hacia todos los cuadrantes del cuerpo. Están relacionados con distintas terminaciones nerviosas y más importante aún, con todo nuestro sistema endocrino.

Deben de girar en sentido de las agujas del reloj, si giran al revés o se obturan, ese cuadrante no tendrá correctamente la energía vital, por lo tanto, se enfermará.

¿Cuáles son las causas que un chakra o "centro vital" como yo lo llamo se obture o gire en sentido contrario? Se preguntará el lector ¿Cómo hago para volverlos a estabilizar? Hay un ejercicio que haremos muy fácilmente, es con la mano iremos desde la cabeza hasta los pies, haciéndolos girar con nuestra voluntad. Una vez aprendido podremos hacerlo mentalmente.

Algo que debemos estar muy claros es que nosotros somos el reloj no imaginarlo de frente, ya que no lo haríamos bien. Poniendo nuestra mano a unos diez centímetros de la cabeza sentiremos una energía y con la mano empezaremos a girar, luego iremos a la frente, garganta, corazón, boca del estómago, pubis, entre las piernas, muslos, rodillas, planta del pie.

Hay que tener en cuenta que cada chakra tiene su color respectivo, al ya hacerlo mentalmente solo visualizaremos como gira y su color, así iremos alineándolos día a día.

Acá un gráfico de los chakras para que tengan una idea y un reloj para que vean el sentido recuerden Uds. son el reloj.

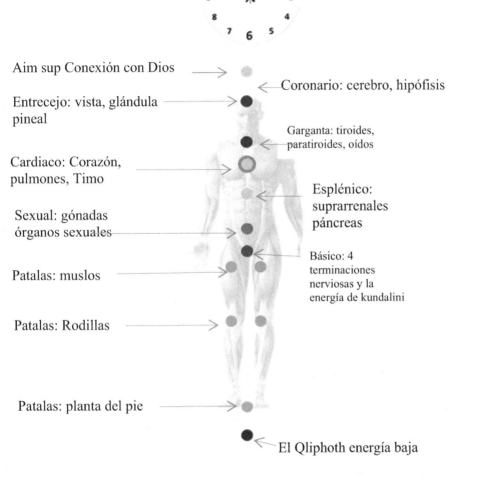

Aim sup Conexión con Dios

Coronario: cerebro, hipófisis

Entrecejo: vista, glándula
pineal

Garganta: tiroides,
paratiroides, oídos

Cardiaco: Corazón,
pulmones, Timo

Esplénico:
suprarrenales
páncreas

Sexual: gónadas
órganos sexuales

Patalas: muslos

Básico: 4
terminaciones
nerviosas y la
energía de kundalini

Patalas: Rodillas

Patalas: planta del pie

El Qliphoth energía baja

Como veremos el segundero ira hacia nuestro hombro izquierdo donde estaria la una y así sucesivamente hasta las 12; de esta forma sera como deben de girar, recuerden no vean de frente la figura, muchas personas se confunden por eso, la una esta en su hombro izquierdo, hay que concentrarse y hacerlo bien, ya que es de gran importancia para nuestra salud. Parecen no importantes, pero yo los llamo los breakers del cuerpo.

Y si uno no gira en su sentido no hay energía vital en ese cuadrante. Por lo cual empezaremos a enfermar .

Voy a enseñar brevemente los chakras y los cuadrantes para que sea mas grafica su canalizacion y concentracion,

Coronario : cerebro, hipófisis.

Entrecejo: vista, glándula pineal.

Garganta : tiroides, paratiroides ,oídos.

Cardiaco: corazón, pulmones ,timo.

Esplénico: suprarenales, páncreas.

Sexual :gónadas,y órganos sexuales.

Básico: 4 terminaciones nerviosas y la energía de kundalini.

Patalas : muslos.

Patalas: rodillas.

Patalas : planta del pie.

Debemos de entender que estan relacionados con los nervios, huesos, músculos y órganos de su cuadrante respectivo. Un gráfico con sus nombres en sánscrito, hebreo y castellano para que los entiendan mejor.

MUNDO DIVINO		
kether	⟶ Sahasrara	Pineal
Chokmah	⟶ Ajna	Pituitaria
Binah	⟶ Vichuddi	Laringe
Chesed	⟶ Anahata	Miocardio
Geburah	⟶ Manipura	Plexo Solar
Tiphereth	⟶ Swadhisthana	Sexual
MUNDO VITAL		
Netzach	⟶ Muladhara	Sacro - Cozis
PATALAS		
Hod	⟶ Mathala	Muslos
Jesod	⟶ Rasathala	Rodillas
Malkuth	⟶ Patal	Tarso

Como vemos en el primer gráfico hay doce chakras; pero para nuestra salud solo trabajaremos en los diez que mencioné. Omitiremos el Aim sup y el Qliphoth. Todo esto les servirá plenamente para tener una buena salud.

Si Uds. desean sanar conscientemente su cuerpo, tal cual lo hice yo. Y le he enseñado a miles de personas, debemos empezar por lo básico. Conocer como estamos constituidos y aprender a activar todos los procesos regenerativos.

Físicamente: el conocer un poco de nuestro cuerpo será de gran importancia para todos nosotros, aunque no nos convirtamos en médicos, debemos saber las funciones que se cumplen en él.

Hematopoyesis: La hematopoyesis o hemopoyesis (del gr. αἷμα, -ατος-, 'sangre' y ποίησις, 'creación') es el proceso de formación, desarrollo y maduración de los elementos figurados de la sangre (eritrocitos, leucocitos y trombocitos (plaquetas)) a partir de un precursor celular común e indiferenciado conocido como célula madre. Nuestras células madre se convertirán en células diferenciadas, regenerando huesos, músculos, órganos y piel, curando todo nuestro cuerpo. Anexo un gráfico para que sea más entendible.

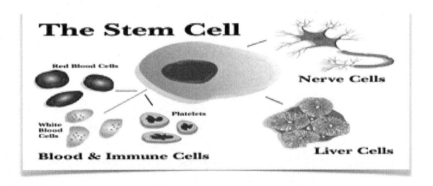

Este proceso ocurre toda nuestra vida y del cual tenemos muy poco conocimiento. Al dormir nuestro cuerpo vital se encarga en regenerar nuestro cuerpo físico. Eso lo explicare más adelante en el cuerpo vital, ahora bien, ¿Qué otra cosa debemos de hacer para que nuestro cuerpo físico este sano?

Nutrición

Debemos de estar conscientes de como nutrimos nuestro cuerpo, no debemos de confundir alimentación con nutrición. Debemos darle a nuestro cuerpo todo lo que necesita, agua, proteínas, vitaminas, minerales, aminoácidos etc. Debemos entender que tenemos un ADN.

Las moléculas de ARN se copian exactamente del ADN mediante un proceso denominado transcripción. El ADN es un polímero, o sea, un compuesto formado por muchas unidades simples conectadas entre sí, como si fuera un largo tren formado por vagones; cada vagón es un nucleótido y cada nucleótido está formado por azúcar y una base nitrogenada que puede ser adenina (A), timina (T), citosina (C) o guanina (G) y un fosfato que actúa como enganche en cada vagón con el siguiente.

Si queremos tener un cuerpo sano debemos de cuidar nuestra nutrición, una sugerencia es eliminar lo que más se pueda el consumo de lácteos, de carnes rojas, sal, azúcar blanca y harinas procesadas. Está comprobado científicamente que no son buenas para la salud, esto no quiere decir que nos metamos a veganos radicales, pero sí que bajemos al mínimo su consumo.

También debemos de hacer ejercicio, de manera de ayudar a nuestro cuerpo a bajar calorías y ayudarlo en todo lo que se requiere a mejorar nuestra circulación. A través de nuestra sangre van todas nuestras células regenerativas, todo esto para una buena condición física.

Cuerpo Vital

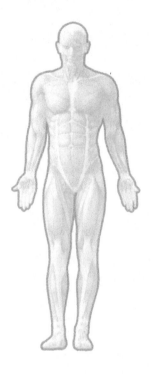

Regeneración vital

Este es un punto sumamente importante, que intentaré explicarlo de la mejor forma posible, para que pueda entenderse sin confusión. El cuerpo físico necesita energía vital, podemos estar sin comer tal vez 7 días, sin tomar agua 4 días, pero sin respirar cuanto duraríamos; 2 minutos quizá sé que hay personas que han durado más en el deporte de apnea, pero eso no es el común denominador. Ahora bien, que pasa con la respiración, respiramos aproximadamente 24.600 veces al día, cada dos horas cambia nuestra respiración a una fosa nasal, aunque respiremos por ambas, siempre habrá una que respirará mejor. Podemos chequearlo de estas dos formas, uno primero tapamos una fosa y luego la otra así veremos cual está más destapada, o podemos poner un espejo y ver cual lado se empaña más. En estos tiempos muchas personas lo hacen con el celular, voy a poner un ejemplo para poder explicar esto mejor.

derecha	6-8 am	10/12 am	2/4 pm	6/8 pm	10/12pm	2/4 am
izquierda	8/10 am	12/2 pm	4/6 pm	8/10 pm	12/2 am	4/6 am

Ejemplo cuando Uds. conozcan su ciclo podrán tener el control de la hora, ¿Cómo lo conocerán? Primero tapan una fosa y luego la otra y ven por cual respiran mejor. Entonces ven la hora y a la hora siguiente lo vuelven a hacer, el diagrama es solo un ejemplo de los cambios que serían, pero no quiere decir que así empieza.

Cada dos horas cambia la respiración por una fosa nasal, el lado derecho se llama Pingála o energía solar masculina y es por medio del cual entra la energía vital al cuerpo. El lado izquierdo se llama Ida, o energía lunar femenina y es la que reconstruye.

Nuestro cuerpo tiene dos polaridades, cuando respiramos por el lado derecho nos cargamos de energía vital o átomos ultérrimos, que se convertirán en átomos físicos, a su vez en moléculas; terminando en células Madre.

Así se le da al cuerpo la energía de vida que necesita para su regeneración celular, pero esto lo podemos hacer consciente y lo más importante, en el momento que queramos. Se preguntarán

¿Cómo podría curarme?, si Uds. quisieran regenerar una parte de su cuerpo harán lo siguiente: uno debe de ver por cual fosa respiran. Sí es por la fosa derecha tapan con su dedo la fosa izquierda y respiran lentamente solo por la fosa derecha, e imaginan y sienten que ese aire está cargado de átomos de vida, que irán hacia el lugar enfermo. Esa respiración podrán hacerla por el tiempo que deseen. Recuerden tienen dos horas, si aprendemos el ciclo de cambio, tenemos varios eventos al día que podemos aprovechar.

Esta técnica se le llama la técnica del iniciado y los grandes Maestros la hacen. Ellos obtienen en cinco minutos el resultado que seria 8 horas de descanso. Lo hago en 15 minutos, esto no quiere decir que no duerma, pero mi ciclo es corto, 4 a 5 horas y si siento que no estoy regenerado lo aplico.

Me eduqué a hacerlo 15 minutos al levantarme, antes de meditar y en la noche al acostarme. Pero si en el día por motivo de trabajo estoy algo cansado, lo aplico. Cabe destacar que mis jornadas de trabajo empezaba a las seis am mi primer consultante y terminaba a las nueve o diez pm sin descansar.

Después de atender un promedio de 45 a 50 personas por día, esto ocurría por 18 días seguidos en una ciudad y luego me dirigía a otra donde atendía unas 220 personas en 6 días, el promedio era de 820 personas por mes. Hubo un momento cuando estuve en la capital que eran 1000 personas por mes. Como se entenderá debería de ser agotador, pero con esta técnica realmente no sentía cansancio. Siempre me decían al finalizar, "caramba Ud. no se cansa, se ve como si acabara de llegar". Entender y aplicar esta técnica, le dará a nuestro cuerpo los elementos necesarios para la reconstrucción celular, ya sea de órganos, músculos etc.

Al cuerpo vital se le llama doble etéreo, las personas que han desarrollado su visión astral o espiritual pueden verlo a dos pulgadas de nuestro cuerpo físico. Su color es un color rosado pálido, similar al color melón. Imaginemos al cuerpo físico transparente, donde veamos toda su estructura, sus órganos, nervios, huesos, etc., por eso se le llama doble etéreo. Al respirar en el día se absorbe la energía vital y a través del bazo y la médula ósea, empieza el proceso de la energía vital a convertirse en sangre.

El punto de unión entre el cuerpo físico y el cuerpo vital está en el bazo, si leen sobre la función que hace, se darán cuenta de la importancia que tiene. Ahora bien, también se preguntarán ¿Y si me quitaron el bazo? Recuerden solo fue el físico, el vital sigue haciendo su proceso con el cuerpo, esta es una de las grandes incógnitas que desconocemos.

Ahora vamos a la práctica, primero tapamos ambas fosas para ver por cual estamos respirando mejor, en este momento respiramos por nuestra fosa derecha. Entonces empezamos a concentrarnos en nuestra respiración y la vamos dirigiendo con nuestra mente a todo el cuerpo, dando la orden que todos nuestros órganos, nervios, huesos, músculos sistema endocrino se llenen de esa energía vital y se regeneren perfectamente.

Si tenemos un órgano afectado dirigiremos nuestra voluntad y concentración hacia ese lugar, es bueno si aprenden a visualizar el órgano, una forma es busquen una imagen de este. Vean como se llena de energía vital sanándose y regenerándose por completo. Al hacer esto le damos la orden a nuestros neurotransmisores para que nuestro sistema inmune se active y sane todo nuestro cuerpo. Esto lo pueden hacer a cualquier hora, una vez que sepan su ciclo respiratorio por su fosa derecha. ¿Pero qué pasaría si no me siento bien y quisiera regenerarme, pero mi respiración esta por el lado izquierdo?, ¿Tendría que esperar a que cambie el ciclo respiratorio? No.

Hay una técnica mediante la cual podemos cambiar nuestra respiración en el momento que queramos, nos acostaremos hacia el lado izquierdo y pondremos nuestro codo a la altura de las costillas

sí

> **Pondremos el codo hacia las costillas y estaremos encima de el por un minuto a dos e iremos chequeando la respiración la cual cambiara hacia el lado derecho y en ese momento podremos regenerarnos conscientemente**

Esta forma de dormir yo la llamo posición de regeneración, la cual podemos hacerla o antes de dormir, o a cualquier hora del día si deseamos regenerarnos; si no tenemos el ciclo en la fosa derecha. Claro está, cambiará al ponernos en posición normal ya que el cuerpo buscará su ciclo natural. Mientras estemos así se mantendrá, Uds. Sé preguntarán ¿Debo de quedarme arriba del brazo todo el tiempo?

No. Una vez que cambie la respiración deben de sacar el codo de la costilla y mantienen la posición acostados del lado izquierdo; hacen su respiración regenerándose conscientemente; a cualquier hora y en el momento que lo necesiten.

A esto lo llamo regeneración vital consciente, de esta forma pueden sanar todo su cuerpo día a día y tener una salud óptima.

Estos serían los elementos que necesita el cuerpo vital para regenerar nuestro cuerpo físico y si lo hacemos conscientemente ayudaremos a tener mayor cantidad de átomos de vida en todo nuestro cuerpo.

Así es una regeneración consciente y podemos cambiar enfermedad por salud, solo debemos aprender los cambios del ciclo respiratorio y una buena concentración, los resultados que pueden tener son inimaginables.

Ahora bien, vamos a ir a lo que destruye nuestro cuerpo, no solo es una mala nutrición y malos hábitos que se tengan, la mayor causa de las enfermedades son nuestras emociones. Una de mis afirmaciones es que 99 % de las enfermedades son psicosomáticas, 1 % es un virus, bacterias, hongos o alguna mutación celular.

Debemos de entender que todas las emociones causarán reacciones en nuestro cuerpo, esto lo vengo enseñando hace más de 20 años atrás, con la suerte que actualmente es una de las afirmaciones científicas. Ahora bien, ¿Porqué nuestras emociones destruyen nuestro cuerpo? Voy a explicarles el proceso que ocurre, para poder trabajarlo a la perfección.

Lo primero que debemos entender es que somos atómicos y nuestros cuerpos están constituidos de átomos. Imaginen una explosión atómica, ¿Es destructiva cierto? Exacto eso mismo ocurre en nuestro cuerpo con las emociones, para tener una mejor comprensión de esto les muestro este gráfico.

Cuerpo Astral o Emocional

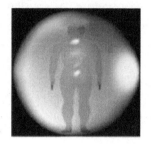

Tenemos tres láminas la **1** es como esta nuestro cuerpo

emocional cuando venimos al mundo, pero ya desde que estamos en el vientre materno estamos recibiendo emociones.

Todas las emociones que tenía nuestra madre vendrán a nosotros y empezará nuestro descontrol desde niños. A medida que vayamos creciendo iremos recibiendo muchas emociones las cuales irán moldeando nuestra vida.

Pongo un ejemplo para tener mayor comprensión de esto, nuestro cuerpo emocional es como un archivo que iremos llenando de cosas, en este caso emociones, ahí vemos, la gráfica **2** solo puse miedos, pero podríamos anexar muchas más, al llenarse de una tendremos una explosión atómica. Ejemplo gráfico **3** una crisis de pánico. En la vida iremos teniendo experiencias buenas y malas, pero de ahí dependerá nuestros estados emocionales, ahora bien, como esto es un tema extenso, intentaré darle la mejor explicación para tener el éxito que deseamos en nuestra salud.

Lo primero que debemos entender es que las emociones son de estructura atómica, lo segundo es que están relacionadas con nuestro sistema cerebro espinal. Cuando tenemos esas emociones de rabia, angustia, tristeza, depresión etc. Estas irán flagelando nuestro cuerpo vital y así lo van debilitando, causando las enfermedades. La flagelación diaria irá causando desequilibrios en todo nuestro organismo.

Si nos levantamos a las 6 am y al estar listo para salir nos pasa algún evento negativo, entonces empezaremos a causar un desorden. Si en el transcurso del día se suman más eventos esto irá flagelando más y más nuestro cuerpo vital, diariamente tenemos una lucha entre nuestras emociones o cuerpo astral y nuestro cuerpo vital. Lamentablemente el cuerpo vital está en desventaja, ¿porque está en desventaja? El cuerpo vital regenera al cuerpo físico cuando dormimos, quiere decir si dormimos bien serian 8 horas, pero estamos activos o despiertos 16 horas diarias o tal vez más, serian 16 horas de destrucción y 8 horas de regeneración. Les mostraré un gráfico que nos ayudará a comprender esto.

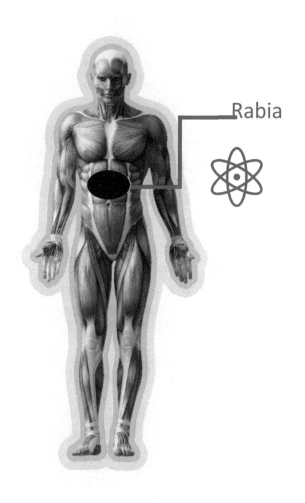

Rabia

Al tener una emoción de rabia iremos somatizando en algún lugar en el cuerpo, en este caso iremos destruyendo la energía vital de la zona abdominal y causaremos una enfermedad. Esto podría generar úlceras gástricas, cáncer etc. Al igual puede ser el colon, páncreas, riñones u otro órgano y así será en todo nuestro organismo. Dependiendo de las emociones que tengamos; debo de recalcar algo muy importante, que lamentablemente se hace mucho. Es inducirles miedo a los niños con cosas absurdas para manipularlos. Sus "archivos" se irán llenando de átomos, de la emoción que se está aplicando, ejemplo: si no te portas bien te va a llevar el coco, el doctor te va a inyectar y así muchos casos.

Voy a narrarles una anécdota de mi vida, una vez vino una señora con su hijo de aproximadamente 8 años, a consultarse conmigo. Automáticamente le dijo al niño si te portas mal el Dr. te va a puyar. (aunque no soy médico muchas personas me llamaban Dr. "Puyar". es una forma de decir (inyectar) el niño me veía aterrado, realmente estaba congelado del pánico.

Me conecté con la emoción del niño y era terrible, en eso le dije tranquilo yo no te voy a inyectar, el niño se relajó un poco, pero seguía aterrado. Al finalizar de chequear a la madre le di un diagnóstico horrible por un dolor que tenía. La señora sintió miedo, en eso le pregunté ¿Qué siente? Me dijo miedo, susto y lloró, en eso le dije ese miedo es el que tiene su hijo.

Ud. no tiene nada, el dolor se lo quitar, en este momento. Cuando terminé de atenderla y no sentir nada de dolor abrazó a su hijo y le pidió perdón, reconoció el mal que le causaba a su hijo. No fue la forma más didáctica de enseñar, pero a veces hay que hacerles ver a las personas que daño están causando.

Esos miedos van a ir creciendo hasta que en algún momento de sus vidas entran en crisis de pánico, esto se aplica a muchas de las emociones. Lamentablemente copiamos patrones y esquemas de enseñanza de nuestros padres, o ejemplos que vimos, las cuales aplicamos igual, esto no quiere decir que generalice; hay personas que pudieron ir concientizando y cambiando.

Para poder tener una ayuda debemos de reconocer esos patrones y esquemas y de esa forma trabajar en ellos, voy a enumerar algunos para ayudarlos a identificar.

PATRONES

Se basa en saber más de ti

De tu conducta

De tus padres

Que son

Que te enseñaron?

Que te inculcaron?

Que querían para ti?

Que querías tu?

Educación

Pobre de mi

Debemos de aprender a reconocer cada patrón que aprendimos desde niño, como fueron nuestros padres, como nos educaron, como nos hablaban, compartían o siempre estaban ocupados. Tomaba mi padre, golpeaba a mi madre, qué veíamos a diario. Todo eso va a marcar nuestra vida y si no estamos atentos podemos repetir esos patrones.

Háganse las preguntas y cuando se respondan vean que patrón siguen o cuál no y empiecen a cambiar los que son negativos.

Esquemas

10. Esquema del comportamiento humano:
1.Conocimiento: a través de nuestros sentidos entramos en contacto con el entorno adquiriendo información.
2.Motivación: en nuestra relación con el mundo nos movemos por emociones o deseos.
3.Acción: sobre la base del conocimiento y movidos por la motivación realizamos acciones con el fin de transformar el mundo.
1.Conocimiento:
Sensación
Toda la información que poseemos acerca del mundo comienza con las sensaciones. Tiene dos significados:
·Se utiliza para referirse a calidades (cosas) que captamos.
·Se utiliza para referirse a la percepción de una calidad (cosa)
Se puede definir como la captación de una calidad como respuesta a un estímulo producido a través de órganos de los sentidos.
Percepción
Proceso mediante el cual integramos sensaciones dotadas de sentido
Intervienen distintos factores:
·Los datos sensoriales: son los materiales básicos de percepción (resultado de la suma de las sensaciones)
·Leyes de la forma:
Leyes generales:
Ley de simplicidad: la forma tiende a buscar una figura sencilla. Ley de pregnancia: la forma tiende a buscar una figura definida
Leyes específicas:
Ley de proximidad: se tiende a agrupar estímulos según su proximidad.

Ley de semejanza: se tiende a agrupar estímulos según su semejanza.

·Atención e interés: a ciertos estímulos les prestamos más atención, de esta forma los seleccionamos.

·La experiencia anterior: en la precepción actual influye la experiencia anterior, el conocimiento que ya poseemos.

La memoria y la imaginación

La percepción se encuentra limitada por el tiempo y el espacio, solo podemos percibir un estímulo cuando está en nuestro campo perceptivo y cuando actúa sobre nuestros órganos sensoriales.

La memoria es la percepción del pasado en el presente. Tipos de memoria:

·Memoria de la conducta: capacidad de aprender ciertas conductas.

·Memoria del conocimiento: capacidad de fijar retener y reconocer posteriormente lo percibido.

Funciones de la memoria:

Función compensatoria: función de satisfacción cuando nuestros deseos no se satisfacen en la vida real.

·Función lúdica: importante para los niños como preparación para la vida adulta y para los adultos como evasión frente a la rigidez de las normas.

·Función creadora: descubrir nuevos ámbitos de la realidad.

·Función crítica: rechazo del mundo real o de algún aspecto de él y la propuesta de un mundo alternativo.

Conocimiento intelectual

Es el modo de conocimiento más elevado que puede alcanzar el hombre. Se caracteriza por la elaboración de conceptos a través de operaciones lógicas.

2.Motivación

Reflejada en la pirámide de Maslow, que se estructura así

:

1.. Necesidades biológicas.

2.. Seguridad.

3.. Necesidad de querer o ser querido y de contribuir con un grupo.

4.. Autoestima, necesidad de la persona de asegurar su propia valía.

5.. Autorrealización, una persona se siente realizada cuando desarrolla plenamente sus capacidades. Una vez alcanzado la persona orienta su vida hacia otros valores.

Es necesario satisfacer las necesidades anteriores para ascender en la pirámide.

Las necesidades no satisfechas

No siempre se satisfacen nuestras necesidades, esto provoca un estado de frustración que impulsa a la agresividad ya que el hombre es un ser agresivo por naturaleza

Genital: se asume la identidad sexual

Latencia: olvida el complejo de Edipo, comienza la etapa del súper yo

Si se tiene una experiencia traumática en alguna de estas etapas se puede manifestar en la edad adulta. A parir de esto establece los mecanismos de defensa:

·Racionalización: se justifica a si mismo frente a un fracaso.

·Proyección: proyecta sus malas actitudes en los demás.

·Identificación: se atribuye a si mismo cualidades valiosas para otros.

·Represión: ocultar los impulsos o experiencias que provocan ansiedad.

·Sublimación: emplear la energía en otras actividades.

·Desplazamiento: se dirige la agresividad hacia alguien que no tiene la culpa.

·Vuelta contra uno mismo: se dirige la agresividad contra uno mismo.

3. Conducta

Basados en nuestros conocimientos y movidos por nuestras motivaciones realizamos acciones orientadas a la satisfacción de nuestras motivaciones. Una conducta tiene éxito cuando sacia una necesidad.

El instinto se caracteriza por:

·Es la misma para todos los miembros de la especie

·Es innata no aprendida

Se ejecuta toda junta no por partes

La capacidad para aprender es muy importante para la vida de los individuos. Esta aumenta según aumentamos en la escala zoológica.

Tipos de aprendizaje:

·Por imitación

·Condicionamiento clásico

1. antes del condicionamiento la visión de la comida provoca la salivación.

2. durante el experimento la comida se asocia al sonido mientras provoca la salivación.

Condicionamiento operante:

Se estudia mediante el experimento de la caja de Skinner. El sujeto aprende a relacionar ciertas operaciones para obtener un resultado. Son fundamentales los premios y los castigos

.¿Como Se Rige La Conducta Humana?

Se rige a través de tres factores

:

Casualidad

Para este principio, toda conducta es causada, obedece a una causa. Ante una situación dada nos comportamos de una manera y no de otra: según este principio debemos buscar la razón de esta unicidad del comportamiento en hechos precedentes y no en el resultado o realización del mismo.

Motivación

Toda conducta está motivada por algo.

.

Finalidad: Perseguimos siempre un comportamiento o conducta y por ella cobra sentido la conducta del hombre y puede ser interpretada.

¿Cómo pensamos?

El pensar es la operación típica de la inteligencia humana. Los sentidos perciben, la memoria recuerda, la imaginación presenta objetos a la mente; la inteligencia piensa. Lo que pone en movimiento el proceso del pensamiento es siempre algún problema. Si no podemos concentrarnos, aparece la distracción, nuestra mente deja el problema y no llega la solución.

Podemos decir que se requieren los siguientes factores para pensar con eficiencia: concentración, lo que permite a la mente utilizar todo su poder en la solución del problema; imaginación creadora, lo que provee al sujeto con una gran variedad de soluciones posibles
Para poder lograr los cambios en nuestra vida debemos tener claro que esquema, que patrón y que emociones nos están destruyendo.

Reconócete

Para conocerse el único camino es **Conócete a ti mismo**, la **Observación**, el irse observando uno mismo, sus reacciones, sus hábitos y la razón de por qué responde así. Observarse sin críticas, sin auto comportamiento, justificaciones ni sentido de culpabilidad, ni miedo a descubrir la verdad. Es conocerse a fondo. **Autogestión, Autodirección, Autovaloración, Autoconcepto,** Hay que quitar las vendas para ver, si no ves, no puedes descubrir los impedimentos que no te están dejando ver. El observarte a ti mismo es estar atento a todo lo que acontece dentro y alrededor de ti, como si esto le ocurriese a otra persona, sin personalizarlo.

Ahora vamos a empezar a identificar más las emociones.

Emociones

Las emociones son reacciones psicofisiológicas, que representan modos de adaptación a ciertos estímulos del individuo cuando percibe un objeto, persona.

En la actualidad, se acepta que las emociones se originan en el sistema límbico y que estos estados complejos tienen estos tres componentes:

Fisiológicos: Es la primera reacción frente a un estímulo y son involuntarios: la respiración aumenta, cambios a nivel hormonal, etc.

Cognitivos: La información siempre es procesada a nivel consciente e inconsciente. Influye en nuestra experiencia subjetiva.

Conductuales Provoca un cambio en el comportamiento: los gestos de la cara, el movimiento del cuerpo.

Teorías Fisiológicas: Afirman que las respuestas intra corporales son las responsables de las emociones.

Teorías Neurológicas: Plantean que la actividad en el cerebro lleva a respuestas emocionales.

Teorías Cognitivas: proponen que pensamientos y otras actividades mentales, son responsables de la formación de emociones, felicidad, tristeza, miedo, asco, ira, depresión, ansiedad etc.

Les mostrare un cuadro para que sea más fácil identificar la emoción o emociones que Uds. Tienen.

Abandono	Indecisión
Accidentes	Inestabilidad
Adaptación	Llamar la atención
Agotamiento	Me siento utilizado
Aislamiento	Miedo conocido
Angustia	Miedos que le suceda algo a un familiar
Ansiedad	No puedo mas
Apatías	Noticias impactantes
Aprendizaje	Obsesión
Autocastigo	Pánico
Autoestima	Perdidas
Autocritica	Pereza
Complejos de culpa	Pobre de mi
Decepción	Preocupación excesiva
Dependencia	Rabia, Ira, Celos
Depresión	Resentimiento
Desanimo	Resistencia al cambio
Desesperanza	Rupturas
Dominación	Shock
Dudas	Sobrecarga
Estrés	Sumisión
Falta de control	Timidez
Fobias	Tortura Mental
Impaciencia	Traición
Incertidumbre	Traumas simples

Si hemos hecho el debido reconocimiento de nuestros esquemas patrones y emociones, ahora se preguntarán ¿Cómo puedo trabajar en ellas?

Lo primero que yo enseño en el taller de un regalo para ti, es a tener una sanación integral, cuerpo físico, vital, emocional y mental. Hemos aprendido que debemos hacer con el físico y vital, ahora será con el emocional y mental.

Iniciaremos con una concientización diaria, la cual la haremos con un ejercicio que se llama **retrospección**. La retrospección consiste en regresar todos los eventos del día como si fuera una película. Ahora lo importante, no lo haremos desde la mañana a la noche sino desde la noche a la mañana e iremos reviviendo cada evento del día. Esto lo haremos en retroceso, si vamos analizando cada detalle de nuestro día a día nos daremos cuenta de todos nuestros errores y virtudes, ejemplo:

Hoy nos levantamos en la mañana y al andar en el carro se nos atravesó una moto, empezamos a discutir o a insultar a esa persona. Desde ese momento empezamos a enfermar.

Esas emociones de rabia irán flagelando nuestra parte vital. Otro caso conversamos con "Iris" y no estamos de acuerdo con su punto de vista y empezamos a discutir; resulta que insultamos a Iris, porque nos enojamos mucho por no estar de acuerdo con ella.

Ese acto también nos afectaría, pero no solo a nosotros si no a Iris también, causándole una flagelación y siendo partícipes de un malestar. También puede ocurrir un evento de susto o alguna otra circunstancia que causará una emoción desagradable. ¿Cómo hago para no sentir esas emociones? Se preguntarán.

Al llegar la noche y empezar hacer la retrospección iremos analizando y concientizando cada caso. En la conversación que tuve con Iris evalúo todo lo que hablamos y empiezo a reflexionar debo tener tolerancia; respetar su forma de pensar y no permitir que estas emociones me invadan.

Estaré atento cuando vuelvan y no permitiré que sigan en mí. Recuerden que las emociones son atómicas y si cada día las vamos concientizando, será como ir limpiando el archivo y no las tendremos ya que no podemos vibrar en una energía que no tenemos. Voy a ser muy claro esto es un trabajo diario, pensar que tienen una semana haciendo la retrospección y ¿Ya cambiaron? No ocurre así; es como si fueran a un gimnasio y porque fueron un día ya está listo, están en forma, No. Deben de tener disciplina constancia y dedicación; en esa retrospección diaria evaluarán como hablan, como se comportan, como actúan y sobre todo como piensan.

Esto es muy importante estar atentos a sus pensamientos, el 90% de lo que pensamos es absurdo y si no están de acuerdo conmigo hagan este ejercicio. Tengan una libreta y anoten todo lo que piensan en un día, sí, todo el día y se darán cuenta que estoy en lo correcto.

Si estamos atentos a nuestros pensamientos y los convertimos en constructivos, ellos nos ayudarán muchísimo en nuestro cambio. Recapitulemos el ejercicio, después de evaluar nuestro día, donde concientizaremos nuestros pensamientos, palabras, obras y acciones, evaluaremos lo que fue correcto y nos haremos la promesa de continuar así. Pero en lo que nos equivocamos empezaremos a corregirnos y hacer los cambios; en el caso de Iris que la tratamos mal y nos dejamos llevar por la emoción, haremos lo siguiente: le pediremos perdón a dios por quebrar la ley de amor, le pediremos perdón a Iris por haberle causado un daño tanto físico como emocional y nos pediremos perdón de corazón a nosotros mismos, por autodestruirnos. Reconoceremos la emoción que nos dominó y nos pondremos a trabajar en ellas para que no nos sigan afectando ni perturbando.   Se preguntarán ¿Cómo? Recapitulemos el ejercicio, después de evaluar nuestro día, donde evaluaremos nuestros pensamientos, palabras, obras y acciones. Estimaremos lo que fue correcto y nos haremos la promesa de continuar así.

Concientizaremos la emoción que nos dominó y nos pondremos a trabajar en ellas para que no nos sigan afectando ni perturbando. Se preguntarán ¿Cómo? Poniendo la voluntad que esa emoción no nos manejará.   Con la firmeza que esos átomos no vibren más en nosotros. Al hacer la retrospección es como ver una película somos espectadores.

Solo evaluamos, no nos involucramos en las emociones, así nos daremos cuenta de nuestros errores. Haciendo este ejercicio evaluaremos nuestras palabras, ¿Por qué debo de hablar de esa forma? (si hablamos de forma incorrecta, despectiva o grosera) no lo haré más, cambiaré y estaré atento para cada vez ser mejor persona; en palabras pensamientos y acciones, no voy a vibrar en esas emociones discordantes. No tendré rabia, miedo o la emoción que tengamos, recuerden las emociones son atómicas y podemos cambiarlas con este ejercicio. Vengo haciéndolo por muchos años y les garantizo que da resultados sorprendentes, muchas personas que hicieron mi taller un regalo para ti, donde enseño este ejercicio y lo aplicaron tuvieron resultados maravillosos, llegaron a concientizar tanto sus emociones que no las sentían, dándole un cambio radical a su salud.

Esta enseñanza dará resultado teniendo mucha constancia, perseverancia y al hacerla evaluaremos nuestro día a día con la firme promesa de cambiaré y estaré atento para cada vez ser mejor persona, en palabras pensamientos y acciones; no voy a vibrar en esas emociones discordantes.

Como expliqué antes debe de hacerse diariamente, poniendo toda la intención y los cambios vendrán. No les sorprenda que muchas personas les digan que se ven distintos, que reflejan más paz y realmente se ven mucho mejor.

Cuerpo Mental

Debemos estar pendiente con lo que pensamos, somos como antenas receptoras y nos conectaremos con lo mismo que vibremos. Si nuestros pensamientos son negativos con eso nos conectaremos, si estamos todo el día quejándonos, pues eso que estamos vibrando, vendrá a nosotros, tenemos que estar claro que el universo conspirará a nuestro favor, sea bueno o malo, es como una caja de resonancia que se multiplicará en lo que nosotros vibremos, por eso estar atentos a nuestros pensamientos y cambiarlos es una de las claves para nuestro porvenir.

Compartiré dos tablas para tener una mayor compresión.

A.

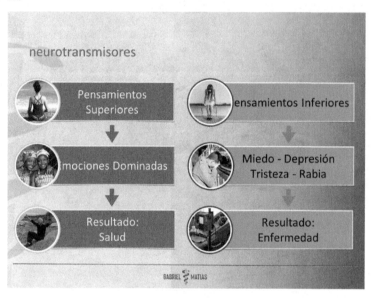

La lamina A nos muestra los pensamientos positivos y sus resultados Si nuestros pensamientos son negativos ocurrirá lo que está indicado en la lámina b, debemos tener conciencia que somos todo lo que pensamos. Está comprobado científicamente que nuestro sistema inmune responde a nuestro diálogo diario, sea en positivo o en negativo y que las emociones destruyen nuestro cuerpo. Si deseas estar sano empieza por cambiar tus pensamientos, en un taller que dicto que se llama constructores del éxito enseño esto: piensa, visualiza y construye.

B.

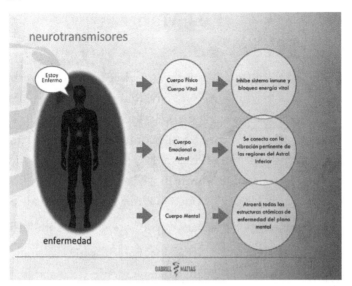

Esto nos lleva al siguiente razonamiento, nosotros somos los únicos responsables de tener un cuerpo saludable, dependiendo de nuestras propias decisiones. Muchas personas se preguntarán y si tengo una enfermedad genética, ¿Un ejemplo con la hemofilia me puede ayudar? La respuesta es sí, los puede ayudar con cualquier patología siempre y cuando Uds. hagan realmente el trabajo.

Una de las sugerencias que les haré es la meditación, eso los ayudará de una forma extraordinaria, deben de aprender a concentrarse, para que tengamos los cambios respectivos.

Cambiar todos nuestros pensamientos y estar atentos a ellos, somos lo que pensamos, nuestro cuerpo está atento a nuestro monólogo diario y nuestro sistema inmune va a ir reaccionando, dependiendo de nuestras emociones. Por lo tanto, si deseamos estar sanos hay que seguir un viejo dicho "Mente sana cuerpo sano".

Voy a enseñarles una rutina que les tomará 10 minutos diarios y que si lo anexan después de su meditación los ayudará mucho en su bienestar. Vamos a aprender a hacer unos sonidos que harán vibrar nuestro cuerpo los mantras.

Los Mantras

Son sonidos que a través del poder del verbo generan transformaciones en nuestro ser, hay Mantras curativos. Por ejemplo, haremos una respiración suavemente y luego pronunciando la vocal **"i"**, **iiiiii**, la sangre fluye a la cabeza; al pronunciar **eeeeee**: la sangre va al cuello; vocalizando aa**aaaa** fluye a los pulmones; repitiendo **oooooo** vibra el corazón; al emitir uu**uuuu** se agita el trayecto intestinal. De suerte que con este Mantra se pueden curar las enfermedades.

Si quiere regenerar su sangre pronuncie la palabra **"pii"**

Para hacer estos mantras los haremos de la siguiente forma, sentados cómodamente, inhalamos, suavemente y exhalaremos haciendo el sonido iiiieeeeaaaaoooouuuu, luego haremos el otro piiiiii. Este es corto cuenten hasta 4 con los dedos, igual el anterior cuenten hasta 4 con los dedos cada vocal para que tengan una idea del tiempo.

Para tener una mejor idea les enseñaré la rutina diaria de ejercicios que podrán hacer en la mañana y en la noche

Ejercicios de la Mañana

Mantra "I, E, A, O, U" (repetir 7 veces)
Mantra "Piiii (repetir 7 veces)
Girar los chakras desde la cabeza hasta los pies

.

Ejercicios de la Noche

Visualización de los chakras de arriba hacia abajo.
Retrospección (corrigiendo nuestros errores)
Respiración a través de los Nadis: derecha - solar / izquierda – lunar, para regenerar nuestro cuerpo, lado derecho.

Los procesos regenerativos del cuerpo están en todos nosotros, solo debemos comprender que los activa, que los desactiva, que nos sana y que nos destruye.

Para realizar una sanación integral debemos concientizar y trabajar mente, emociones, energía vital y cuerpo.

La forma que yo me regeneré en los eventos narrados y otros más son con esta técnica. Después de entender todos los procesos que activé, primero empíricamente y después de aprender científicamente todo lo que hice, lo plasmé en los talleres que doy, un regalo para ti es exactamente para eso.

Poder ayudar a las personas a los cambios necesarios para salud y bienestar, por la situación actual de la humanidad decidí transmitirlos por este medio y poder llegar a miles de personas. Ojalá sean muchísimas y se corra la voz para poder ayudar a más seres que lo necesitan.

A este espacio que escribiré lo llamaré enfermedades, donde me refiero a muchas patologías y las sugerencias referidas por mí, para ayudar a mejorar las condiciones de bienestar de las personas.

Esto no quiere decir que deban de suprimir sus tratamientos alopáticos, es una guía práctica de sugerencias para ayudar al mejor funcionamiento de su organismo.

Lo que está a continuación está escrito es una guía de sugerencias, las cuales fueron utilizadas por miles de personas que gracias a Dios los ayudó en sus patologías.

Suprimir un tratamiento sea alopático o natural es una decisión que cada persona decide, por lo cual es solo y únicamente su responsabilidad, sin tener que culpar a nadie.

Para poder ayudar de una manera bastante didáctica iré nombrando los órganos y sus respectivas plantas. De forma de entender la sugerencia a seguir de cada una de ellas.

Enfermedades

Las infusiones se tomarán 3 veces al día por un tiempo de 2 a 3 meses.

Riñón	Planta (Infusión o Te)
Estimulación	Cola de caballo
Retención de líquido	Diente de león cola de caballo
Cálculos	Aceite de oliva -limón[1]
Arenilla	Cola de caballo

1 Media cucharita de aceite de oliva+ media cucharita de jugo de limón se mezclan y se toma de 3 a 4 veces al día más él te de cola de caballo.

Páncreas	Planta (Infusión o Te)
Mellitus 1	Casco de vaca moringa
Mellitus 2	Casco de Vaca
Suprimir harinas procesadas	Comer más vegetales

Hígado	Planta (Infusión o Te)
Graso	Cadillo de perro
Cirrosis	Diente de león
Hepatitis	Cadillo y diente de león
Colesterol triglicéridos	Agua semilla aguacate[2]
Transaminasas	Diente de León

2 se pone a hervir una semilla de aguacate en 3 litros de agua y se reduce de 3 a 2 ½ litros, se toman 2 vasos al día por 8 días.

Colon	Planta (Infusión o Te)
Inflamación	Llantén
Estreñimiento	Sábila hervir ½ penca x litro cascara sagrada 1 diaria
Irritable	Agua tibia 2 vasos en ayunas

Estómago	Planta (Infusión o Te)
Acides reflujo	Llantén
Gases	Bicarbonato con limón
Digestión	Te de anís o manzanilla

Vesícula	Planta (Infusión o Te)
Cálculos	Diente de León Aceite de oliva -limón[1]

Cabeza	Planta (Infusión o Te)
Oxigenación	Pira o Lochita
Nervios	Ashwagandha

Vista	Planta (Infusión o Te)
mejoramiento	Betacaroteno moringa

Olfato	Planta (Infusión o Te)
Sinusitis, rinitis, congestión	Inhalación de eucalipto o
Tupidez	Quinchoncho[3]

3 se pone a hervir la hoja de eucalipto hoja larga o el quinchoncho. Se inhala en la noche antes de acostarse por 7 días, (no se debe de dormir con aire acondicionado ya que no hará efecto, al contrario, no es benéfico)

Descontrol de la Presión Arterial	Planta (Infusión o Te)
Ejercicio + dieta	Diente de león cola de caballo
Su tratamiento alopático	Ajo un diente en ayunas

Circulación	Planta (Infusión o Te)
Deficiente	Castaña de la india
Varices	Jugo de uva con concha

Huesos y articulaciones	Planta (Infusión o Te)
Osteopenia-osteoporosis	Moringa
Artritis (reumatoidea)	Hierba carnicera moringa
Artrosis	Hierba carnicera

Ovarios y útero	Planta (Infusión o Te)
Fibroma mioma quistes	Bolsa de pastor
Menstruación irregular dolor	Rosa de montaña

También recomiendo lavados de moringa con cúrcuma intravaginales los lunes y de llantén los viernes para ayudar con el v.p.h, teniendo excelentes resultados.

Reconocimientos Médicos

Próstata	Planta (Infusión o Te)
Hiperplasia	Maguey o fique
Antígenos altos	Semillas tostadas de auyama en agua de linaza[4]
Cáncer	Moringa con cúrcuma

4 las semillas de auyama se tuestan se muelen poner la linaza en remojo en un vaso de

Cáncer (cualquier tipo)	Planta (Infusión o Te)
Bicarbonato con limón en	Ayunas
Moringa con cúrcuma	2 te diarios
Tomate, ajo, cúrcuma [5]	Inter diario
Suprimir Harinas procesadas	y lácteos

agua, a la mañana en ayunas se le pone una cucharita de semillas al agua y se toma.

5 en una licuadora se pone un tomate, un diente de ajo, una cucharita de cúrcuma, una pizca de pimienta negra y un poquito de agua, se licua, se pone a cocinar dos minutos exactos y se toma ese jugo tibio.

Debe de ser exacto el tiempo de cocción no debe de ser más, el tiempo es sumamente importante, para tener el resultado óptimo.

Suprimir un tratamiento es una decisión de cada persona, por lo cual es solo y únicamente su responsabilidad, sin tener que culpar a nadie.

Debo de recordar que toda esta sugerencia de recomendaciones es para ayudar a mejorar la salud, eso no quiere decir que deban de dejar sus tratamientos alopáticos.

Lupus y purpura	Planta (Infusión o Te)
Jugo de uva	2 diarios con todo y concha
Cola de caballo	3 te diarios
Moringa	2 te diarios

Alzheimer	Planta (Infusión o Te)
Aceite de coco	3 cucharitas diarias
Aceite de Menta1 vez	Diario Frotar en las sienes
Consumir Nueces	Moringa

Parkinson	Planta (Infusión o Te)
Mucuna	3 diarias
Aceite de Menta 2 veces al día	Frotar en las sienes
Moringa	1 taza diaria

Gripes	Planta (Infusión o Te)
Jarabe de berro con aceite de seje	3 veces Al día
Malojillo con berro y miel	3 veces al día
Cebolla morada, jengibre y miel	3 veces al día

Incluiré a esto una lista de enfermedades y plantas que pueden usar para mejorar la salud.

Plantas Medicinales

ACHICORIA: (chycorium intivus) hígado, hemorroides, limpia riñones, bazo y vesícula, catarro pulmonar, tónico (planta entera). Contiene 20% sustancia amarga, insulina, taninos, azucares, vitamina C.

AGARAGAR: (ictiocola vegetal geiosa) protege las mucosas digestivas, laxante, recupera flora intestinal.

AJENJO: (artemisia abainthium) (digesgtion, drenaje de bilis, parásitos, menstruaciones dolorosas. Contiene A e que contiene tuyona, jugo amargo (absentina) ácidos orgánicos, taninos.

AJO: (alium sativum) frotado en sabañones y callos, diabetes, machacado con miel para reuma. Equilibra la presión sanguínea.

ALBAHACA: (ocimum bacilicum) estimulante estomacal, carminativo. Contiene A.e, taninos, glucósidos, saponina.

ALCACHOFA: (cynara acolymus) reuma articulaciones, excelente para hígado y vesícula.

ALOE PINTADO: solo uso externo todo problema de piel y cuero cabelludo.

ALO VERDE: (Aloea vulgaris y aloe vera) leve purgante, flora intestinal, estomago, hígado, hemorroides, alto contenido en mucilagos acción emoliente, antialérgico. Hay personas alérgicas a ella. Se usa de diferentes formas, jugo, gel de la hoja, te o infusión, inhalación, supositorios u óvulos cataplasmas.

- Conjuntivitis, aplicar el jugo en gotas, varias veces por día
- Estómago, dolor o ardor, comer la pulpa
- Ulceras, comer la pulpa hervida
- Constipación, en todas las formas
- Presión, la equilibra en todas las formas
- Hemorroides internas, en todas las formas, interrumpir el tratamiento si hay diarrea o sangra
- Hemorroides externas, la pulpa en cataplasma en la zona si no sangra Dolor de cabeza, la pulpa cruda o jugo en la zona
- Resfríos en te caliente en igual proporción, 3 o 4 veces por día
- Gripe, en te friccionando el cuerpo
- Asma, jugo tibio en igual proporción con agua, en crisis y como preventivo todos los días vahos
- Diabetes, cualquier forma tratamiento prolongado. Cuidado con los que consumen insulina
- Hígado, de cualquier forma, nunca mezclar con alcohol
- Quemaduras, la pulpa en compresas
- Lastimaduras, cortaduras, picaduras de mosquitos, lavar con jugo y compresas de la pulpa
- Golpes y torceduras, compresas de jugo y pulpa caliente
- Pie de atleta, lavar con mezcla de jugo y agua y aplicar pulpa natural
- Dolor de muelas, masticar la hoja
- Dolores musculares, compresas de jugo y pulpa
- Contraindicado en periodo menstrual, embarazo
- Apoplejía, varias cucharadas de gel, por la mañana y noche,

- Dolor de cabeza, la pulpa cruda o jugo en la zona
-
- Artritis, 4 cucharadas de jugo, por lo menos 2 meses
- Sinusitis, vahos
- Atlas y herpes bucal, gel o jugo en zona o buches
- Embarazo y parto, jugo en el abdomen antes y después del parto, reduce las estrías en los pezones para que no se agrieten
- Nervios dañados, restaura la sensibilidad, el jugo por 2 o 3 meses
- Quemaduras de sol, el jugo

AMBAY: (ceropia adenopus) excelente para los pulmones, asma, tonico cardiaco y regula latidos y palpitaciones

ANACAHUITA: (schinus mulle) tos y afecciones pulmonares

ARNICA: (árnica montana) flores en uso interno y /o externo, golpes y confusiones, quebraduras de huesos. Cuidado puede irritar riñones. Contiene Ae. Carotenoides, arnicina (jugo amargo) saponina, esteroles, isoquercifina, taninos, resina

ARTEMISA: (artemisia vulgaria) enfermedades del útero y ovarios, problemas y dolores menstruales (no usar más de 3 meses seguido y nunca durante la menstruación). Contiene Ae cineol y luyona, taninos, jugos amargos.

BANANA: (musa paradisiaca) rico en calcio y especialmente potasio y tanino, Ácido acético, cloruro de sodio, albumina

BARBA DE CHOCLO: (zea mays) diuretico moderado. Contiene saponinas. A.e taninos, azucares, sustancias derivadas de lípidos sales minerales.

BARDANA: (aretum lappa) antidiabética (raíz) depurativa, sudorífica, diurético, reuma, arenilla. Contiene raíz insulina, A.e. mucilagos, taninos, sustancias antibacterianas bacteriostáticas.

BOLDO: (boldean fragans) higado, estomago, cálculos hepáticos y biliares excelente

BOLSA DE PASION: (capselia bursa pastoris) tonifica útero, corrige menstruaciones abundantes. Contiene colina acetilcolina, alcaloide, bursina, ácidos orgánicos, taninos.

BORRAJA: (borrago officinalis) para toda enfermedad, sudorífica, gripes, resfríos, eruptivas, fortifica corazón, inflamaciones, dolores, purifica la sangre. Contiene taninos, mucilagos, saponina, acido salicílico, sustancias minerales, vitamina C.

CALENDULA: (caléndula officinalis) (flores), uso externo, callos verrugas, cicatrizante, uso interno sudorífica, cicatrizante, aumenta glóbulos rojos, para cancer. Contiene saponina (ácido interponoide). Glúcidos, calendulosidos, jugos amargos, A.e.

CANELA: (cannella cinnamomjum) estimulante general, afrodisiaco

CARDO SANTO: (cnicus benedioulus) sylibum marianum, cardus marianus) tónico, levanta defensas, hígado, cáncer, excelente. Contiene jugo amargo, cinicana, taninos, mucilagos, minerales, si limarina, flavonoides

CARQUEJA: (bacharis crispe o trimera) excelente para hígado, riñones. Aumenta deseos sexuales, impotencia

CASCARA SAGRADA: (rhamus purshianus) excelente para movilizar intestino a diario

CEBOLLA: (alium cepa) frotada en sabañones, reuma y artritis, estimulante, gripe, expectorante (como jarabe para la tos con azúcar quemada) contiene A.e, azucares, vitaminas (A, B, C) principios antibióticos (compuestos orgánicos sulfurados), sales minerales. Contiene zinc, manganeso, Vitamina C y B1, A.e, compuestos sulfurosos, yodo

CEDRON: (lipia citriodora) fortifica el corazón, nervios de estómago, digestión, carminativo, antiespasmódico.

CENTELLA ASIATICA: (hydrocobie asiática o bonaerensis) trastornos circulatorios, celulitis, varices, hemorroides, diurética, afecciones de la vejiga.

CLAVO: (Eugenia caryphylia) estimulante digestivo, parásitos intestinales (mata larvas), dolor de muelas

COLA DE CABALLO: (equisefum arvense) diurético potente, elimina cálculos renales. Contiene: acido salicílico, nicotina, palustrina, saponinas

CONGOROSA: (ilex aquifolium) ulceras estomacales, calma dolores estomacales e intestinales, debilidad sexual e impotencia

DIENTE DE LEON: (taraxacum officianalis, dens leonis) excelente para hígado y detoxificador de la sangre y todo el organismo. La raíz es especial para curar toda enfermedad del hígado. Contiene principios amargos terpenicos, glucósido, esteroles, ácidos aminados, taninos, insulina caucho y vitamina C **ECHINACEA:** (echinasea angjuestiloha) gripes y resfríos, excelente para levantar las defensas

ENERRO: (juníperus communis) enfermedades pulmonares, reuma, inflamaciones (uso interno y externo de las bayas) Contiene resina, A F (pineno y borneol), inosita, flavona (glucósido), juniperina (principio amargo)

EUCALIPTO: (eucaliptus globulus) problemas pulmonares (cuidado, no usar en bahos si hay afonía o en niños) hígado, bazo

FUCUS: (fucus vesiculosus) cuidado contiene yodo, obesidad, hipotiroidismo

GALIO O AMOR DE HORTELANO: (galium aparine) en infusión o jugo alivia cáncer, problemas de piel, bocio, diurético, obesidad, tónico. Contiene grandes cantidades de vitamina C, glucósidos, tanino, principio amargo

GENCIANA: (gentiana lutea) raíz tónico, excelente para hígado y vesícula. Contiene jugos amargos, gentiopiorina, glucósidos, amarogentina, alcaloides xantonas azucares

GINKCO BILOBA: (ginkgo biloba) circulatorio. Vaso dilatador cerebral, varices, hemorroides

GIRASOL: (hileianthus annuus) semillas dolores nerviosos de cabeza, jaquecas

GRANADO: (púnica granatum) corteza de la raíz antiparasitario (tensa), cascara del fruto y flores antidiarreico

GUACO: (mikama amara) muy buen expectorante y antitusígeno, para resfríos

HAMAMELIS: (hamamelis virginiana) vasoconstrictor, varices, hemorroides, metrorragias, circulatorio

HIPERICO: (hipericum perforatum) depresión, agotamiento nervioso. Contiene taninos, hipericina, glucósidos, rutina, Vitamina P

JENGIBRE: (jingiber officinalis) estimulante y tónico, levante sistema inmunológico, carminativo

LAUREL: (laurus nobilis) digestión

LAVANDA: (lavándula officinalis) fortifica sistema nervioso, depresión, sedante suave, fortifica el cerebro, descongestiona hígado y bazo. Contiene acetato de linalino, geraniol, borneol, taninos

LECHUGA: (lactuta sativa) la parte central blanca en infusión, gran calmante del sistema nervioso, sedante fuerte, dolores de estómago, bronquios

LENGUA DE BUEY: (rhumex cuneifolious) detiene diarreas, tónico (contiene hierro) contiene acido salicílico, alcaloides, cinoglosina, consolidina, mucilagos

LIMON: (citrus limonium) limpiador, jugo y fruto en enfusion contra toda enfermedad del higado, cálculos y arenilla hepatobiliares, gripe, contiene vitamina C. No excederse

LINO: (linum usitalissimum) semillas remojadas en agua (se toma todo) para afecciones intestinales, divertículos (no comer semillas, solo el agua con el mucilago), recupera flora intestinal. Contiene aceite, mucilagos, albuminas, glucosidos, enzimas

LIQUEN: (lichen islandicus) excelente para problemas pulmonares, expectorante, fortifica pulmones y sus funciones. Contiene liquenina, isoliquenina, ácido cetranico, mucilagos, jugos amargos, yodo

LLANTEN: (plantago) uso externo o interno como cicatrizante y para todo tipo de llagas, ulceras y quemaduras; para pulmones y sus **afecciones**. Contiene otalpina, mucilagos, carotenoides, enzimas, acido silícico, aucubina

MAGUEY: (PITA) (agave americana) raíz uso interno y jugo de hojas para fricciones para reuma, artritis, articulaciones

MALVA: (malva sylvenstris) antinflamatorio, circulatorio, suave diurético, hemorroides. Contiene mucilagos, antocianina, taninos, ácidos orgánicos, vitaminas

MANZANA: (pirus maius) excelente para todo ("una manzana al día, al médico lejos mantendrá") fortifica el cerebro, sin cascará y rallada; diarrea

MANZANILLA: (matricaria chamomilla) estomago (digestivo y nervios) para todas las enfermedades de los niños, antinflamatorio, Contiene A e, azuleno, camazuleno, bisabotol, fameseno, flovonas, glucosidos cumarínicos

MARCELA: (gnaphalium cherirantifulium) digestivo estomacal, para enfermedades de pulmónes

MARRUBIO: (marrubium vulgare) excelente para toda enfermedad del hígado y vesícula biliar, quema grasas, para hígado graso. Contiene marrubina (principio amargo), taninos, saponinas

MOURUCUYA: (pasiflora incarnata) calmante moderado, antidepresivo

MELISA: (melissa officinalis) fortifica el corazón, problemas del aparato sexual femenino, nerviosismo, histerismo, antidepresivo, sedante suave, ansiolítica. Contiene citral, citronelal, geraniol, taninos, ácido hidroxiterpenico

MENTA: (menta pipenta) carminativo estomacal, sedante suave, en uso externo, clama dolores articulares, musculares y de cabeza. Contiene esencia de menta, mentol 50% metilestar, mentona, jugos amargos, taninos

MUERDAGO: (viscum álbum) excelente para hipertensión arterial, cáncer, antitumoral, arteriosclerosis. Contiene viscoloxina, colina, acetilcolina. compuestos orgánicos

NOGAL: (juglana, regia) hojas en decocción, diabetes, en uso externo: sabañones, flujos uterinos, antiparasitario intestinal (mata parásitos adultos, combinar con clavo que mata larvas) Contiene hojas y pericarpio yuglanina, taninos gálicos. A e, hidroyuglona

OREGANO: (origano vulgare) estimulante estomacal, carminativo, ayuda a la digestión, buen expectorante y para bronquitis y asma

emenagogo (en tisana o como condimento) Contiene timol, jugos amargos, taninos

(ORTIGA): (urtica urens) limpia la sangre, depura riñones, hemorroides, reuma (para esto es bueno artigarse la parte con ortiga fresca), caída del cabello (loción o champú) No debería usarse más de 15 días seguidos. Contiene taninos, ácidos orgánicos, clorofila, Vitamina C y A, sales minerales

PALO AZUL: (legno celeste) muy bueno para reuma, diurético

PALTA: (avocatero) mascar hojas para enfermedades de encías y evitar caries, fomentos de hojas quitan jaquecas, fruto muy nutritivo, ingerido o en uso externo para la piel

PARAISO: (media sempervirens) flores y hojas, provoca menstruación atrasada, hojas en infusión vermífugo (usar pequeñas dosis)

PERJIL: (apium petroselinum) decocción de planta entera, diurético, sudorífico, hinchazón de hígado y bazo, asma, catarro, como condimento, digestión. Contiene apuna

PEZUÑA DE VACA: (bauhinia candinans) excelente para diabetes (hipoglucemiante).

PIMIENTA: (piper nigrum) tonifica tubo digestivo, descongestiona, revulsivo, carminativo

PINO: (pinus picea) brotes jóvenes, sudorífico, pulmones, bronquios, tos, limpia la sangre, reuma (en uso externo) Contiene A e ácidos grasos, resina abundante vitamina C

PITANGA: (stenocalix pitanga) hojas, estomacal, antiácido, digestivo, frutos, antidiarreico

RETAMA: (spartum junoeum) dilata coronarias y aumenta la tensión, mejora la circulación venosa, descongestiona, sudorífico, diurético, elimina cálculos renales, purgante, antirreumática (no exceder las dosis) Recetar con cuidado. Contiene alcaloide esparteína, glucósidos, taninos. A.e, jugos amargos

ROMERO: (rosmarinus oficinalis) polvo cicatriza y desinfencta heridas, linimento músculos, articulaciones, reuma, decocción, fortifica cerebro y sistema nervioso, carminativo, digestivo, fumigaciones limpia energías negativas. Contiene alcaloides, saponina, ácidos orgánicos, A.e (cineol, alcanfor, borneol)

ROSA MOSQUETA: (rosa canina) frutos antioxidantes, rejuvenece tejidos, eleva sistema imune, hojas y flores, antidiarreico. Contiene frutos, mucha vitamina C, H. carotenos, azucares, pectinas, taninos, ácidos málico y cítrico

RUDA: (ruta graveolana) para menstruaciones atrasadas (es abortivo). Vermífugo intestinal. Contiene óleum rulae (venenoso), taninos, antisépticos vegetales, principios amargos, glucósido (rulina)

SALVIA: (salvia officinalis) en cigarrillo asma, en polvo dientes y encías, infusión gripe, resfríos, palpitaciones, estimúlate nervioso, aumenta actividad cerebral, digestivo, carminativo, expectorante, afecciones gástricas e intestinales, reduce inflamaciones, diarrea, timpanitis, vías respiratorias superiores, tos, tuberculosis, espasmolítico, desinfectante. Contiene tuyona bomeol, alcanfor, diterpenos, jugos amargos, taninos

SARANDI BLANCO: (phyllanius sellovanus) purgante, antidiabético e hipoglucemiante

SARANDI BLANCO: (phyllanllious sellovanus) purgante, antidiabético e hipoglucemiante

SAUCE BLANCO: (salix alba) decocción de la corteza para reuma, artritis, dolores musculares, dolores de cabeza, resfríos, gripes, fiebre. Contiene acido acetil salicílico glucósidos taninos

SEN: (cassia angustifolia) laxante y purgante

SOMBRA DE TORO: (iodina rhombifolia) cura el vicio de alcoholismo

TABACO: (nicotina tabacum) solo uso externo; reuma, cuero cabelludo, prurito vulvar, desinfectante

TACO DE REINA: (tropaeulum majus) hojas frescas en compresa, golpes, contusione, hojas y flores en infusión muy digestivas. Semilla gran antibiótico para estafilococos y otros. fortifica cerebro y sistema nervioso, carminativo, digestivo, fumigaciones limpia energías negativas. Contiene alcaloides, saponina, ácidos orgánicos, A.e (cineol, alcanfor, borneol)

YIERBA DE LA PIEDRA (acalypha cordobensis) en decocción de use externo, gárgaras para llagas en la garganta, llagas en general

YERBA MATE: (dex paraguayensis) tónico físico y cerebral diurético, moviliza intestinos

ZANAHORIA: (dauous carota) cocimiento de la raíz, asma, bronquios, tos, ictericia, regulador intestinal, excelente vermífugo, enfermedades de piel (uso interno y externo) hojas riñones. Contiene vitaminas A, H, C azúcar, pectinas, pigmentos, caroteno, numerosas sales minerales

ZAPALLO: (curubita pepo) semillas: excelente vermífugo, pulpa hígado. Contiene semillas 50% aceite, albuminas, glucósido cucurbitácea, resina; fruto azucares, albumina, vitaminas, sustancias minerales

ZARZAPARRILLA: (smilax sifilítica) excelente depurativo de la sangre y todo organismo sudor

Con esta guía podrán ver las plantas dependiendo del país que estén y así tendrán una orientación de cómo usarlas para su bienestar. Anexare una forma de nutrirse que es muy simple pero que los ayudará a mejorar su salud.

Desayuno (una sola fruta la cantidad que se quiera y un solo nutriente por día)	Frutas, un día puede ser cereal otro día avena, huevos, yogurt. Arepas de maíz
Almuerzo	Proteínas (carne, pescado, pollo, cochino [6]) hortalizas o vegetales
Cena	Sopas, cremas, ensaladas

Sí se puede suprimir la carne roja y el cochino mejor.

No se deben consumir lácteos, puede ser leche de arroz, leche de almendra, o de soya, el yogurt eventual, las frutas debe de ser una sola fruta la cantidad que se desee, no se mezclan y deben de suprimirse las harinas procesadas. Sé que algunas personas les será difícil, pero si lo hacen su cuerpo mejorará notablemente.

Cuando hablamos de frutas es una sola fruta la cantidad que se desee, no se mezclan. Esto es muy importante muchas personas hacen un coctel de frutas o un plato de frutas mixtas, en este caso debe de ser una sola.

Esta guía es para poder mejorar su nutrición, más las sugerencias que están anteriormente especificadas, dependiendo de las enfermedades, los ayudará a restablecer su salud.

Buscando tu Luz

Estas líneas tienen la finalidad de dar una información, para aquellas personas que desean saber más del mundo espiritual. Cuando nos referimos a "mundo espiritual" nos enfocamos en dar una orientación más allá del conocimiento general.

Lo primero que debemos entender es que somos espíritus virginales que venimos para una evolución, la cual es a través de un aprendizaje de lo que somos y todas las facultades que tenemos y que hay que desarrollar. Muchas personas lo llaman dones "pero eso no es exclusivo de pocos". Simplemente esas personas lo desarrollaron y por eso lo tienen.

Es igual que los músculos todos los tenemos, pero si le dedicamos tiempo, constancia y dedicación los desarrollaremos. Ahora bien, se preguntarán, pero ese niño vino así, como lo pudo desarrollar si es pequeño, es imposible, es un regalo de Dios.

La vida es un magnífico regalo de Dios y tenemos todas las capacidades para lograrlo. "en el universo no hay privilegios ni privilegiados, todos absolutamente somos hijos del absoluto" o Dios, el problema es que dependiendo de la orientación que

tengamos desde niños, nuestra vida puede cambiar de rumbo, si no tenemos la voluntad férrea para continuar con nuestra misión, podemos desviarnos.

¿Si tuviéramos idea de que es la evolución?, ¿Cómo estamos constituidos? y más importante aún; ¿Si supiéramos la realidad de la vida?, ¿Cuál es el fin y la meta que debemos alcanzar?, ¿Cómo son los planos evolutivos?, ¿Cuáles son?, ¿Cómo me conecto con ellos?, nuestra percepción de la vida seria distinta.

Lamentablemente la desinformación e ignorancia nos lleva a vacíos y esto nos hace vulnerables a equivocarnos en el camino que debemos recorrer. Voy a ser breve en la explicación para que Uds. tengan una idea y les sugeriré algunas obras que puedan leer, que les dará el conocimiento de las preguntas anteriores.

La evolución humana tiene un tiempo al cual se le llama kalpa o manvatara, el cual es el ciclo que debemos cumplir. En ese ciclo debemos de ir conociendo todas nuestras facultades e ir desarrollándolas. Usaremos varios vehículos o cuerpos los cuales tendrán diferentes polaridades sean femeninos o masculinos, en los cuales iremos teniendo nuestro aprendizaje. Les daré un ejemplo más entendible, lo explico de la siguiente manera, en la vida primero iremos a un preescolar; después a una preparatoria; luego a un bachillerato y más tarde a una universidad.

Cada una de esas etapas tendremos distintos uniformes, en la vida será igual un día de vida puede ser de 60-70-80 años de duración tal vez más o tal vez menos dependiendo de nuestros procesos karmicos. Lamentablemente muchas personas tienen el concepto de nacer crecer y morir y se acabó todo, otras que van a algún lugar llámese cielo o infierno. Dependiendo de la información que se nos dio desde niños eso será lo que conozcamos o que creeremos.

Los esquemas que les dieron a nuestros padres se repetirán, una y otra generación hasta que tengamos la voluntad de descubrir lo que realmente somos. El sentido de la vida es evolucionar, cumpliendo los roles que tengamos que cumplir, ejemplo si somos padres, madres, hermanos etc., hagámoslo con amor dando lo mejor de nosotros. En nuestra vida cotidiana si somos ingenieros, médicos, obreros, mecánicos etc., hagamos un trabajo impecable.

Seamos mejores cada día, cumplamos nuestros roles de la mejor manera, recuerden este mundo es de ilusión o maya, como decía Albert Einstein todo es relativo, todos los juguetes que tengan en la vida disfrútenlos, llámense casas, carros, aviones etc. Pero recuerden bien nada de eso se llevarán, solo el conocimiento que tienen y sus experiencias. No permitan que eso los ciegue y que sea lo único por lo que lucharon en su vida, los equilibrios son perfectos, pueden tener ambas cosas sus juguetes y su desarrollo espiritual.

Vi en mis viajes muchas cosas, en una que las personas no tenían apegos a las cosas materiales y eso era perfecto, pero Vivian en estados que realmente no eran saludables. Su respuesta era que estaban de paso y es así, pero puedo estar de paso también con mejores condiciones, (esa es mi opinión respetando las otras).

Lo ideal de la vida es tener equilibrio, como decía un Adepto trabaja como un ambicioso sin ambición. Podemos tener buenas condiciones donde tengamos paz y si tenemos voluntad podemos lograr todas nuestras metas. Lo ideal es ser prósperos, la prosperidad tiene tres objetivos, salud, dinero y amor este es el equilibrio que debemos tener. Además de evolucionar, pero debemos estar conscientes que hay un plan Divino que se llama conocimiento, reconocimiento y evolución.

Conocimiento

La gran mayoría de la humanidad digamos un 80% no sabe a qué vino, cuál es su misión de vida y que ocurrirá al "morir". ¿Que hay en los mundos espirituales? ¿Cuáles son?, ¿Cómo están constituidos?, ¿Cómo es la evolución?, ¿Qué hay paralelamente con nosotros evolucionando?, ¿Cómo es el tiempo de evolución? ¿Qué es el kalpa?, ¿Las rondas, cual es el objetivo de la vida?, todas estas preguntas tienen respuesta y lo más importante cual es el objetivo de nuestra vida.

Reconocimiento

Ese mismo porcentaje de seres humanos no sabe que son, cuáles son las facultades latentes que tienen y que pueden desarrollar. Como funciona su cuerpo, como funciona su mente, lo que son capaces de hacer; como transmutar sus emociones y lo más importante saber que son y de dónde vienen.

Por eso cuando reconocemos que somos una chispa Divina, un átomo de luz, de amor, un semi Dios en potencia y nos volvamos uno con nuestra propia esencia, podremos ascender.

Evolución:

Debemos entender lo que somos, cual es el tiempo de nuestro aprendizaje, respetar las leyes de acción y reacción o Karma y entender que no es una vida. Sino muchas experiencias que nos enseñarán en el transcurso de esas vidas a ir desarrollando nuestro potencial.

Si concientizamos a donde debemos llegar, logrando el conocimiento real de lo que somos y que tenemos que alcanzar. Empezando a vivir en armonía sin maldad, fraternalmente, ayudarnos como un solo grupo de seres que están en proceso de aprendizaje y que la finalidad de la vida es ir creciendo como entes.

No monetariamente ni con poder errado, sino como una sola mente, un solo objetivo, el de ayudarnos sin esperar nada a cambio, dando lo mejor de nosotros. Entonces evolucionaremos como grupo planetario. Sé que al leer esto pensarán sería maravilloso, pero esta difícil.

Si cada uno de nosotros empieza a cambiar, tengan por seguro que ayudarán a los cambios en su entorno y así sucesivamente empezarán a nivel general.

Como transmutar sus emociones y lo más importante saber que son y de dónde vienen.

Yo digo no quieras cambiar a nadie, cambia primero tú y luego enséñales tus cambios. Ellos seguirán tu ejemplo, si hay un niño y nosotros cambiamos patrones y esquemas ellos aprenderán y un 80% seguirán el mismo ejemplo. Al observar las distintas familias donde los padres son agresivos, lo más seguro es que los hijos copien esos patrones. No nos damos cuenta de los patrones y esquemas que copiamos a nivel generacional. Si no los cambiamos seguirán, hasta que los concienticemos y hagamos los respectivos cambios. Sin darnos cuenta de que eso lo copiarán nuestros hijos y así sucesivamente.

Buscando tu Luz

Ejercicios

Esta parte son unos ejercicios que daré para que puedan subir su vibración y así reconocer lo que realmente son. De esa manera podrán conectarse con energías sutiles que los ayudarán en su vida cotidiana. Vibrando alto atraeremos todo lo que en los planos de evolución vibra. Esa energía es la que nos rodeará alejando todo lo negativo, hay que recordar que somos antenas receptoras que atraerán lo que vibremos.

Empezare enseñando unos mantras que nos ayudarán con nuestro objetivo, el primer mantra es el I.A.O

La "I" es el sonido que caracteriza la energía del ego, del Yo. - Es, por lo tanto, el vigor mismo de la personalidad en actividad energética.

La "O" es la encarnación del espíritu en nosotros.

La "A" es el punto de relación o armonía entre la fuerza interna del Yo y el espíritu. - Es pues, la "A" el centro de unión.

Hay una clave gnóstica que dice *"a Dios hay que buscarlo dentro del Yo y al Yo dentro de Dios"*. - Este Mantra es de gran poder para quien sabe pronunciarlo.

Este mantra debe de hacerse de la siguiente forma se inhalará suavemente y luego se pronunciará las vocales IIIIIAAAAAOOOOO tiene un conteo de 5 cada vocal debe de ser con el mismo tono para que sea en armonía.

El Mantra AUM

Este mantra debe de hacerse así AAAAUUUMMMMM la M es más larga este mantra subirá de una forma increíble su vibración. La punta de la lengua debe tocar el paladar en la letra M.

Runa Fa

Pondremos los brazos dibujando una f con nuestro cuerpo, los pies estarán separados y buscaremos un lugar donde la luz del sol llegue. Haremos la respiración pausada a continuación la forma que la haremos. Inhalaremos suavemente llenando nuestros pulmones y exhalamos por la boca soltando todo el aire, pensaremos que esa energía de luz entra por nuestras manos llenando todo nuestro cuerpo hasta los pies, pero que se queda en nosotros, no sale, con este ejercicio nos inundaremos de luz espiritual ya que la runa fa es la runa de la luz.

Al Uds. realizar los ejercicios dados en este libro, más las técnicas que yo utilicé para sanar mi cuerpo y seguir sanándolo diariamente, podrán tener una mejor calidad de vida. Las sugerencias dadas para su salud los ayudará también en ese bienestar, solo me queda al ya finalizar este libro que sea de utilidad para todos.

Testimonios

Estos son algunos de los muchos testimonios que gracias a Dios esas personas sanaron

Francis Lorena Souquett Marcano ,

C.I. V- 9 946 287, certifico que el Sanador Naturista Gabriel Matías con C.I. V-5.410.067, me ha tratado desde el año 2015, con excelentes resultados, la siguiente patología: "__Carcinoma de mama estadio IV (Mt pulmonar) __Soy paciente _de Gabriel Matías desde el 23 de enero del 2015 hasta el presente. Cuando me empecé a tratar con él ya me habían operado. Fui _tratada desde ese instante y en abril de ese mismo año fui sometida a quimio, inmuno y hormonaterapias. Mis valores y condiciones de salud se mantuvieron excelentes. Las constantes radiografías de los pulmones fueron mostrando mejorías hasta que el último estudio mostró que los pulmones estaban totalmente" limpios". Actualmente gozo de buena salud, pero continúo con el tratamiento de Gabriel. Doy Fe de todo esto a los 30 días de Octubre de 2018"

Dayana Guilarte

"Testimonio Agradecida con dios y con Gabriel Matias.¡¡ por su apoyo tiempo, paciencia,, consejos y conocimientos para mi sanación…El 06 de mayo 2016 me había diagnosticado un tumor en el seno derecho y gracias a mi hermana me recomendó a Gabriel hoy 15-08-16 estoy completa_mente sanada gracias a sus medicamentos y sanaciones dios derrame infinitas bendiciones sobre ti Gabriel gracias"

Alba

"Hace unos meses fui a consulta con gabriel junto con mi hermana ella con un diagnóstico de cáncer y muy afectada sentimentalmente, nos recomendó el taller un regalo para ti q hemos aplicado como terapia de autoestima y de verdad q ayuda, doy gracias a Dios por poner a esa persona. En nuestro camino, Dios

bendiga a gabriel x ser tan especial y compartir sus conocimientos cada enseñanza debe ser aplicada para crecer espiritualmente. La experiencia es muy especial."

Karina

"Hace 4 años tuve la bendición de conocer a Gabriel Matías, fui a su consulta, gracias a ver un programa de televisión. Y desde ese entonces siempre le pido a dios todopoderoso, que le mande bendiciones y le otorgue mucha vida, salud y sabiduría para seguir ayudando a tantas personas. Como me ayudo.".

Miriam Cardone

"Mi nombre es Miriam, conozco a Gabriel desde hace 10 años. Lo conocí por voluntad de Dios en un momento de mi vida muy crítico con respecto a salud, el impuso sus manos sobre mi durante todo el proceso, tome sus talleres y entro a formar parte de mi vida como instrumento de Dios y como amigo. Soy lo que el llama su milagro número 152. Al abrirse a la sanación que se recibe a través de sus manos se crea una conexión entre paciente y sanador que trasciende a otros planos espirituales. Angelito como yo le llamo siempre contara en mi corazón, en mis pensamientos y en mi voluntad con eternas bendiciones por derramar en el plano terrenal tanta bondad, tanta sabiduría y tanta humildad a los demás. Gracias mi ángel por ayudarnos a fortalecer la fe y la confianza en el absoluto."

Joselis Rondon

"Hace más de 1 año mi esposo presentó un tromboembolismo pulmonar, el cual sería el segundo porque el primer tromboembolismo pulmonar lo presentó hace más de 5 años. Mi esposo presentó complicaciones en todo su aparato digestivo: esófago, estómago, intestinos, colón y ano. Gracias a recomendaciones de amigos cercanos, mi esposo pudo tener más calidad de vida porque sus medicinas aliviaron los efectos secundarios que provocaron los tratamientos postrombóticos, y además el sanador Matías alegó que las trombosis inexplicables por la ciencia médica se originaban por un mal funcionamiento del hígado. Hoy mi esposo está muy recuperado y su vida mejoró para siempre desde que asistió con Gabriel Matías. ¡Dios derrame todas sus bendiciones y te permita seguir ayudando a tanta gente hoy más necesitada que nunca!"

Douglas Badillo

22 junio, 2017 en 2:55 am

"Mi nombre es Douglas Badillo… el año pasado me diagnosticaron un tumor de par craneal, el cual tenía que operarme en caracas, cuya operación fui varias veces al hospital y el equipo estaba dañado. gracias a una amiga que estaba en tratamiento con el, me lo recomendó… seguí su tratamiento al pie de la letra y Gracias a Dios y a Gabriel Matias fui sanado… me hice la resonancia magnética y fue al neurocirujano y el tumor había desaparecido… Dios le bendiga y tengan fe y pidamos q siga adelante para que se sanen muchas más personas" …

Fabiola Mogollón

Mi nombre es FABIOLA VALENTINA MOGOLLÓN tengo 16 años, el día 03-08-2017 a través de un diagnóstico ecográfico se me detectó una COLECISTOPATIA AGUDA NO CALCULOSA CON UNA VESICULA BILIAR DILATADA LLENA DE LIQUIDO (BARRO BILIAL) DE PAREDES ENGROSADAS CON DOBLE HALO y MICROLITIASIS RENAL BILATERAL con indicación Quirúrgica… luego de asistir a la Consulta del Sanador Gabriel Matías y haber cumplido con un cambio de alimentación por 1 Mes mi diagnóstico comprobado a través de un nuevo Eco fue el siguiente: VESICULA BILIAR BIEN PLANIFICADA, PAREDES DELGADAS, SIN IMÁGENES EN SU INTERIOR.

Nunca olvidemos que "DIOS tiene el poder para SANARNOS para EL no hay nada imposible" … A veces volteo al cielo, sonrío y digo: YO SE QUE FUISTE TU"

GABRIEL … ¡Mi Familia bendice el poder de sanación que ofreces con tus manos!"

_Jomba Carolina Kammoun_6 octubre, 2015 en 4:45 pm

"Definitivamente Dios existe y hoy se manifestó en mi vida a través de usted"

Lucina Gonzalez24 enero, 2019 en 3:45 pm

"Gracias por ayudarme en el aeropuerto de Barcelona. Venezuela. Dios le de vida salud y esa disposición de ayudar a quien se encuentre en el camino. Gracias a Dios y a la gracia y bendición puesta en sus manos llegue en bendición a Perú."

L.D 6 agosto, 2015 en 4:43 pm

"Conocí a Gabriel por casualidad.
Logro sacar de un estado crítico a una persona muy allegada a mi con su método natural y espiritual para sanar el cuerpo … en el transcurso del tiempo que se cumplía el tratamiento de este ser… la vida me sorprendió con el fallecimiento de un ser amado sumiéndome en una profunda depresión… cuando asistimos a la segunda terapia de sanación. fue increíble lo que ocurrió: sin yo decir NADA, lo supo. percibió mi estado emocional, me reconforto de una manera que no puedo explicar y me ayudo a entender que somos solo seres espirituales provistos de un cuerpo que tarde o temprano dejaremos…
Así se dio el Taller para Sanadores, una experiencia Única, Valiosa e Irrepetible donde, a parte de mí, 17 personas más recibieron las herramientas necesarias para poder Auto sanarse y ayudar a otros a Sanar. Pero eso no fue todo, cada módulo trae en Sí una enseñanza valiosísima que nos hace comprender el porqué de nuestra vida en este plano terrenal.

Dios te Bendiga Gabriel Matías, que la Luz y la Fuerza Espiritual del Absoluto y te acompañen en todo momento y te guíen a donde tus pasos te lleven.

¡Gracias, gracias y gracias!"

Riconoscimento

Gianfranco Rossi

"Salve mi chiamo Gianfranco Rossi sono un osteopata di Pescara Italia ho conosciuto Gabriel Matias tramite una amica che me ne ha parlato bene avendo ricevuto lei un trattamento e avendone avuto benefici ho preso un appuntamento per me e un amico mio che era molto preoccupato per la sua salute avendo l ipertensione ed essendo finito all' ospedale per questo lui ha trattato prima il mio am_ico trovandogli tutte le cose che non andavano solo passando le mani sul corpo poi gli ha consigliato dei prodotti da prendere e ora non soffre più di ipertensione.... quando mi ha passato le mani sul mio corpo mi ha trovato subito il problema principale ha fatto il trattamento sull' organo e ho sentito molto calore e poi un sollievo ho preso i prodotti naturali che mi ha consigliato e ora va molto meg_lio sono andato a due sue conferenze per capire meglio la sua metodica che mi è sembrata subito straordinaria e semplice usa le mani come uno scanner per trovare le problematiche e non sbaglia poi cura canalizzando energia sul punto bisognoso e ci ha spiegato che tutti possono imparare a farlo le malattie vengono perché siamo concentrati troppo sui pensieri negativi e questi interferiscono coi processi organici naturali la sua esposizione mi è apparsa di una straordinaria semplicità e linearità e incisiva nella individuazione Delle cause e dei rimedi per ritrovare la salute lo ringrazio moltissimo per quello che fa come divulgatore e operatore di questo metodo semplice ed efficace grazie Gabriel"

Riconoscimiento

"Verena ferromi 4/11/2018 Salve mi chiamo Verena sono una naturopata italiana ho avuto il piacere di conoscere Gabriel quindi in Italia incontrarlo ed essere visitata erano ormai molti anni che la mia depressione non accennava a diminuire compromettendo la qualità della mia vita e i rapporti interpersonali oltre ad una endometriosi che mi ha nel giro di poco tempo portato anche ad una menopausa anticipata.... Dopo la visita con Gabriel e di consigli alimentari e stile di vita e di prodotti da prendere la qualità della mia vita è decisa_mente cambiata, migliorata.... La depressione è qualcosa di sommerso è latente sempre pronta ed uscire fuori e a riportarti in uno stato di angoscia profonda.... Incontro con Gabriel è è stato utile e proficuo oltre ai consigli alimentari e prodotti naturali da prendere il suo intervento ha sortito su di me Un benefico, mi ha insegnato un metodo che consiste nel respirare in un certo modo E da diventarne un certo modo e pensare in un certo modo comunque una nuova riprogrammazione mentale che ti ho permesso di us_cire fuori da uno schema mentale che mi teneva in gabbia... Tutto questo nel giro di pochi incontri e ovviamente servito il mio consenso affinché il miracolo avvenisse ma senza di lui non sarebbe venuto Grazie di cuore Gabriel"

EL MISTERIO DEVELADO

RIF: J-40069737-9

RECONOCIMIENTO A SU LABOR

Mediante la presente, yo MARIA EVANGELISTA WILCHEZ COLMENARES, C.I. V- 4.809.135, en carácter de Presidenta de la Empresa LA LLOVIZNA ANCESTRAL SPA C.A., RIF: J-40069737-9, dejo constancia de mi reconocimiento al SR. GABRIEL MATIAS SANCHEZ, con C.I. 5.410.067, quien ha prestado sus Servicios en esta Empresa como SANADOR NATURISTA, desde junio 2012 hasta enero 2018, atendiendo un promedio de 3000 pacientes por año, con diferentes patologías tales como: LUPUS, VIH, CANCER, HEMOFILIA, INFERTILIDAD, PURPURA, VPH, TUMORES OVARICOS, MIOMAS, DIABETES, PANCREATITIS, ENFERMEDADES REUMATOIDEAS y otras enfermedades en general.

El Naturista GABRIEL MATIAS SANCHEZ diagnostica utilizando como herramienta de escaneo sus manos, detectando los desequilibrios energéticos de los órganos de sus pacientes y emplea TRATAMIENTOS NATURALES para ayudarlos a sanar, así como la aplicación de la TECNICA DE REGENERACION CELULAR (REAC), de la cual es su creador.

El merecido reconocimiento, es por su loable labor, realizada durante aproximadamente veinticuatro años, a quien, de manera incondicional, ha ayudado a sanar a más de doscientos mil (200.000) pacientes, con excelentes resultados.

De todo lo anterior, doy FE Y CONSTANCIA de ello, en PUERTO ORDAZ (Venezuela), a los 15 días del mes de febrero de 2019

Atentamente,

MARIA WILCHEZ
C.I. 4809.135
PRESIDENTE

R.I.F. J-40069737-9

ALTA VISTA - CALLE ARO C.C. NARAYA S/N LOCAL 33. PISO 6. PUERTO ORDAZ EDO. BOLIVAR

TELF: CELULAR: +584249279107

RIF: J-40019727-9.

RECONOCIMIENTO A SU LABOR

Mediante la presente, yo PAOLA COPPOLA BUCCIARELI, C.I. V-5.490.073, en carácter de Presidenta de la Empresa TERRA SPA Y TERAPIAS C.A., RIF J-40019727-9, dejo constancia de mi reconocimiento al SR. GABRIEL MATIAS SANCHEZ, con C.I. 5.410.067, quien ha prestado sus Servicios en esta Empresa como SANADOR NATURISTA, desde Mayo 2012 hasta Febrero 2019, atendiendo un promedio de 2800 pacientes por año, con diferentes patologías tales como: LUPUS, VIH, CANCER, HEMOFILIA, INFERTILIDAD, PURPURA, VPH, QUISTES OVARICOS, MIOMAS, DIABETES, PANCREATITIS y enfermedades en general.

Para Diagnosticar y Sanar a sus pacientes, aplica TECNICAS DE NATUROPATIA Y BIONERGETICA, aprendidas en TIBET, MEXICO y el AMAZONAS, mediante las cuales detecta los Desequilibrios Energéticos de sus órganos, sistemas y glándulas. Para ayudarlos a Sanar, utiliza, TRATAMIENTOS NATURALES y la TECNICA DE REGENERACION CELULAR (REAC), de la cual es su creador.

El merecido reconocimiento, es por su loable labor, realizada durante aproximadamente veinticuatro años, a quien, de manera incondicional, ha ayudado a sanar a más de doscientos mil (200.000) pacientes, con excelentes resultados.

De todo lo anterior, doy FE Y CONSTANCIA de ello, en PUERTO ORDAZ (Venezuela), a los 17 días del mes de febrero de 2019

Atentamente,

PAOLA COPPOLA BUCCIARELI
C.I. 5.490.073
PRESIDENTE

UNARE CALLE NEVERI C/C UCHIRE C.C. PLAZA AEROPUERTO PISO 1 LOCAL P1-C-02. PUERTO ORDAZ EDO. BOLIVAR VENEZUELA

EL MISTERIO DEVELADO

REPÚBLICA BOLIVARIANA DE VENEZUELA
UNIVERSIDAD NACIONAL EXPERIMENTAL POLITÉCNICA
"ANTONIO JOSÉ DE SUCRE"
VICERRECTORADO ACADÉMICO

DA/060/2019

RECONOCIMIENTO A SU LABOR

Mediante la presente, la **UNIVERSIDAD NACIONAL EXPERIMENTAL POLITÉCNICA "ANTONIO JOSÉ DE SUCRE" Vice Rectorado de Puerto Ordaz** (Estado Bolívar – Venezuela), deja constancia de nuestro reconocimiento al SR. **GABRIEL MATIAS SANCHEZ**, con C.I. **5.410.067**, que se ha desempeñado como reconocido Sanador Naturista en esta ciudad, por aproximadamente unos 8 años.

El 30/5/2016, dicto una charla en nuestras instalaciones (Auditorio), que llevaba por nombre **"DESPERTAR DE LA CONCIENCIA"**, la cual tuvo una duración de dos (2) horas, contando con una audiencia de ciento cincuenta (150) personas.

Los temas tratados durante esta Charla, fueron los siguientes:

- Cambiar esquemas y patrones de conducta
- Dominar emociones
- Cambiar Esquemas de Alimentación
- Regenerar las estructuras celulares del cuerpo, mediante la Técnica de Regeneración de las Estructuras Atómicas de las Células (REAC), de la cual es su creador.

De todo lo anterior, damos **FE Y CONSTANCIA** de ello, en PUERTO ORDAZ (Venezuela), a los **25** días del mes de **marzo de 2019**

Atentamente,

Prof. Resplandor Richard
Director Académico

ATTESTATO

Si Attesta che il Naturopata e Healer

GABRIEL MATIAS,

in data 17 Settembre 2018, per aiutare le persone a cambiare il loro stato di salute illustrando gli strumenti necessari per ottenere una salute completa, ha tenuto presso la sede dell'Associazione una Conferenza gratuita su:

"NUTRIZIONE E STABILITA' EMOTIVA"

In fede
Il Presidente

Que Dios los Bendiga e Ilumine

Gabriel Matias

PD: al terminar el libro me dio Covid19 y el remedio que di para el mismo funciono al 100% para más información ver mi instagram o faceboock gabrielmatiassanador

Bibliografía

Libro Logos Sofia, Israel Rojas

El hombre y sus cuerpos, Annie Besant

Las Formas Mentales, Leadbeater

Made in the USA
Columbia, SC
25 March 2022

57961023R00088